D1726402

Nora Gomringer
ach du je

edition
spoken
script

Sprechtexte

16

Nora Gomringer

ach du je

edition spoken script 16
2. Auflage, 2015
© 2015 Der gesunde Menschenversand,
Luzern. Alle Rechte vorbehalten

ISBN 978-3-03853-013-8

Lektorat
Martin Zingg

Herausgeber
Matthias Burki
Ursina Greuel
Daniel Rothenbühler

Gestaltung
hofmann.to

Druck
Pustet, Regensburg

www.menschenversand.ch

Du hast nichts vom Ende erzählt

Es bleibt doch stets beim Hören (sagen)

When waiting, a woman is funny

LAUT! Lesen!

«Voilà! Es passiert etwas.»

Nachwort

Du hast nichts vom Ende erzählt

Vorbei bin ich

22:38

Dich nicht anrufen. Das kostet viel mehr Kraft als dich anrufen. Meine Fingernägel gehen drauf beim Überlegen. Ich beiße sie ab. Das Geräusch ist schön endgültig, die Handlung fatal. Wie sage ich, was ich will?

22:44

SMS formulieren: would you like to share a conversation tonight? Eigentlich will man ja ganz andere Sachen schreiben. Von Weltende und Meteoriten und vom Handlungsbedarf JETZT und vom eigenen Wund-Sein. An allen Stellen, die ein Vergnügen mit dir hatten. Ekelhaft. Wo ist jetzt die Scheißnummer?

22:46

Vielleicht sollte ich dich doch einfach anrufen. Du sagtest, whenever you feel like it. Well, Mister, to set this straight: I ALWAYS feel like it. That's my f++++ problem.

22:47

Von außen beobachten, wie man langsam dumm wird und immer dünner. Wirklich beides. Dumm, weil man stumpf wird im Kopf, und dünn, weil man spitz wird, die Knochen vom Nichts-essen-Wollen aus der Haut lugen. Schau mal, da, fühl mal, da. Ich bin gerade noch. Da. Es macht PING.

Du Luzifer, immer, wenn deine Nachrichten eintreffen, leuchtet alles. Auch ich.

22:47:30
I really think you are wonderful. But she needs me. The children need me. I need them.
We should stop this.

22:50
22:51
22:53
Nix leuchtet. Sonnenfinsternis.

22:56
So hörte es sich an, wenn der Schrei von Munch ein Audiofile wäre. Und kein Bild.
Minutenlanges Kreischen, Brummen, Kreisen wie eine schwangere Frau kurz vor der Niederkunft. Hecheln.
Tippen mit schnellen Spinnenfingern:

22:57
So this means you are ending it? Us? – Ich sehr stolz auf so viel Wille zur Konfrontation. Mit abgekauten Nägeln.

22:57:10

.
.

.

.

22:57:52

PING

22:59:56

I am sorry to write YES. I was really in love with you, maybe I still am. Somehow. But if I want to work right and live well, I need to be like this now. Can you understand this?

23:02

Starr bin ich und mein Brustkorb brennt. So fühlt es sich also an. Eine Hitze, die rumort. Mein Hals ein Vulkanschlund. Lavaworte wollen seiner Frau alles vor die Füße speien, damit ihm dieser Weg, den er gerade wieder baut, versperrt ist. Und er nur mich hat. Fieberhaft überlege ich, was ich tun kann, um ihn zu halten. Setze an, tippe Pleases und Don'ts und Let mes. Und lösche alles wieder nach und nach, ohne es gesendet zu haben. Eine, die sich das Flehen verbietet. Sich die Finger verstümmelt, die Zunge schnürt, die Lippen vernäht.

23:20

Eine, die mit Schluchzen den Kopf auf das Kissen eines anderen legt. Der liegt längst in Träumen. Und hat ihre inneren Brände nicht mitbekommen. Der ist ein ruhiges, klares Wasser. Ungetrübt. Sie ist eine Ruine, feste Materie in Not. Sie kippt, sinkt. Hat den Mund auf beim Weinen, sieht so jämmerlich aus. Ich denke, ich sehe jämmerlich aus. Von außen betrachtet. Das Heulen macht mich ganz stumpf. Heulen ohne Geräusch ist noch trauriger. Aber wehe, er wacht auf.

23:33
Letzter Blick auf den Funkwecker. Inneres Memo: Merke dir dieses Gefühl. Vergib es ihm nicht.

05:31
Erster Blick auf den Funkwecker. Inneres Memo: Erinnere dich an das Gefühl. Welches Gefühl? Ich taste mich innerlich ab. Nichts heil. Wo bin ich in diesem Chaos?

05:35
Ich liege und denke und bin ganz falsch hier. Falsche Adresse. Falscher Kopf auf falschem Körper. Neben falschem Körper im falschen Bett.

05:46
Ich stehe auf. Leise. Ich stehle mich fort.

05:46:30
Ich knipse das Licht an. Ich stehe vor dem Badezimmerspiegel und sehe mich nach 6 Stunden Schlaf und mit angeklebten Tränen. Ich sehe falsch aus. Nicht richtig, das bin nicht ich.

Kein Wunder, dass du diese Frau nicht mehr willst. Ich glaube, das ist das Gefühl, an das ich mich erinnern wollte.

05:49

Ich ziehe meine Laufsachen an. Die weißen Schuhe. Mein MP3-Player, die Schlüssel.
Der Monolog beginnt. Du spinnst, ist mitten in der Nacht. Du gehst laufen. Und wenn er fragt: Warum bist du so früh laufen gegangen. Ja, mein Gott, eben drum.

05:51

Ständig dieses Innenleben. Das innen leben. Warum hast du das alles angefangen, als ich nichts brauchte, keinen Wunsch aussprach, heil war und vor allem nicht wusste, was mir fehlte. Du hast mir neue Wörter vorbuchstabiert, mich schnabelgefüttert. Nichts ist Vergangenheit, wenn nicht Gegenwartslüge. So gegenwärtig bin ich nicht. Bin ja nicht mal hier auf diesem Weg, in diesem Lauf, in diesen Atemintervallen. Bin irgendwo an einem See, auf einer Bank mit einem Mann. Sehr entfernt. Adele «Turning Tables», Adele «Rolling in the Deep». Irgendwie ist es auch lustig, dass alle Lieder so und so gehört werden können. In love and out of love on a journey and at a standstill. At the crossroads and while driving up a serpentine road.

05:59

Ist ziemlich dunkel auf dem Pfad mit dem Geröll, geht aber.

Ich bin ziemlich schnell.

Für eine, die vollgesogen ist mit Trauer und Nicht-fassen-Können.

06:10

Jetzt schwitze ich. Ich stelle mir vor, was du zu mir sagst, wenn wir uns sehen. Ob wir uns wiedersehen? Ich verdiene mir unser Wiedersehen, indem ich mich darauf vorbereite. Vorsatz: lauf schneller. Renn ihm davon. Oder entgegen. Renn einfach. Ist egal, wenn du außer Atem kommst. Hör auf, dich zu kontrollieren.

06:20

Bei Kilometer 5? Kann sein. Die ganze Runde hat 8,5 und ich laufe das gewöhnlich in 50 Minuten. Nicht schnell, aber stetig und länger könnte ich immer. In ein paar Häusern brennt Licht. Die fangen an mit dem Tag. Manfred Mann's Earth Band «Blinded by the Light», Kosheen «Catch», Basement Jaxx, Gonzales, Händel.

06:40

Du hast nichts vom Ende erzählt. Immer nur vom An-fangen, dies und das zu tun. Jetzt bin ich raus aus deinem Erzählen.

06:50

Ich bin da. An der Haustür. Leise. Ich mache jetzt auf

Ritual und sage zu mir: jetzt immer so. Und ich steh wieder heulend da und gebe keinen Ton von mir. Wie kann man so vorbei sein?

07:10
Ich weiß es nicht.

07:11
I don't know. Das tippt sich seltsam ohne Worterkennung. Ich schicke ein Buchstabenrätsel ab. Denk mal ein bisschen darüber nach, Arschloch.

Erkläre mir, Muse, den Mann,

Den Vielgereisten mit Meilenkonto und setz dich neben mich
zu einem Gespräch über das Gute an und das Beste in
und das Ausreichende um ihn

Ich las von dem Mann, der an einem Faden sich als Retter
herbeifädeln ließ. Es ging dort um Monster und Mädchen und
Irrwege, Skelette von Jungfern säumten den Weg

Ich las von dem Mann, der aufbrach ins Totenreich,
die Liebste zu retten
Er sang die Schatten zur Räson, vertraute 200 Schritte darauf,
dass sie ihm folgen konnte, bei 201 verklang sein Gesang

Muse, es scheint mir,
der Mann ist ein Wanderer, Retter, per se
Ein Sänger und Liebhaber, vertrauend und ängstlich zugleich
Wer will es ihm nehmen, dass alle ihn schätzen,
ihn gottgleich empfinden

Ich las von dem Mann, der seine Tochter in einem
Kellerverlies hielt
Wie ein Wesen aus Schatten und Traum. In all diesen Jahren
Verlor sich die Spur so vieler im oberen Reich, kein Wort
kam über die Lippen

Ich las von dem Mann, der in einem Haus das Ende
von vielen plante
Und an einem Tag und in einer Nacht versuchte,
ein Land zu entzweien
In Norwegen hielt er sich auf, das Freie zu binden,
war seine Lust

Muse, es scheint mir,
der Mann ist ein Mörder, Verstecker per se
Ein Spinner und Spieler, vergaunert und grausam zugleich
Wer will es uns nehmen, ihn zu verdächtigen, wenn
Migräne uns überfällt

Ich warte seit Jahren auf einen, der kommt,
mit allem, was männlich ich achte
Damit ich mich gebe ganz Haut, ganz Haar, ganz Knochen,
in allem, was Gott aus mir machte

Muse, es scheint mir,
dass Männer versockelt, die Lippen versiegeln,
keiner erreicht ihre Herzen. Die Hobbys sind zahlreich,
das Leben sehr körperbetont. Breitbeinig der Stand,
weitflächig die Hand, die mich liebkost oder schlägt.
Schwarz-weiß ist die Welt, die der Mann
– oft farbenblind – auf seinen Schultern trägt

Ich käme zu küssen, das alles in Farbe zu tauchen. Versprochen.
Ich bitte dich, schick mir den einen, den anderen, mal den
Und mal den, damit ich erkenne, wie einzeln sie alle,
wie kostbar so mancher, wie schön

Wen ich dann wählte, das bliebe bei mir,
Geheimnis, das Frauen gefällt,
es kehrten sich Himmel und Erde schließlich,
ginge es dann nur um Geld
Ja, ich bin eine Sammlerin, webe den Teppich erneut
und warte ergeben

Komm, Muse, erklär mir die Männer.
Komm, Muse, erklär mir die Welt.

Vielmals

Einmal tanzte der Bauer so wild im Matsch, dass das Kalb sich erschreckte

Einmal nahm ich Rizinus und verlor das Kind

Einmal lief sie einem Mann nach, der sie partout nicht wollte

Einmal wollte ich einen Apfel vom Baum schütteln und bekam zehn auf den Kopf

Einmal kam ein Soldat und als ich ihm die Hand geben wollte, sah ich, dass da bei ihm keine mehr war

Einmal schoss ihr das Blut in den Kopf, als sie einen Ländler mit dem Landrat tanzen sollte

Einmal pinkelte sie im Stehen, um ihre Füße auf der eiskalten Weide zu wärmen

Einmal stand da ein Kuchenbuffet und das Haus duftete nach Erinnerungen, weil sie keinen mehr backen würde

Einmal rief er mich beim Namen meiner Schwester

Einmal war der Bauer so müde, dass er im Stall auf meiner Schwester einschlief

Einmal erzählte ich der Lehrerin, was uns passierte auf dem Hof

Einmal kam sie zu Besuch

Einmal und nie wieder

Einmal schüttelte ich die Betten und die Federn wirbelten herum wie im Märchen

Einmal sagte sie, sie wolle den Bruder in der Stadt besuchen und der Bauer sagte vielleicht

Einmal wieder sagte er vielleicht

Einmal noch fragte sie

Einmal zeichnete ich einen großen Hund und schraffierte seine Umrisse, weil es wichtig ist, unberechenbar zu bleiben

Einmal kam ein Brief an meine Schwester an und der Bauer las ihn ihr vor in ihrer Kammer, der Bauer las sehr langsam

Einmal hielt ich eine Hand im Dunkeln, sie war warm und weich

Einmal war die Mutter bei uns und trank Schnäpse mit dem Bauern

Einmal berührten sich dabei ihre Hände, gleich packte sie ihre Tasche und ging, ohne auf mich gewartet zu haben

Einmal kam ich nach Hause zu einem leeren Haus, nie war ich glücklicher

Einmal fiel ein Hund in die Jauchegrube

Einmal musste der Jäger kommen, der trank auch Schnäpse

Einmal sagte meine Schwester, sie könne rennen wie der Wind

Einmal war das Fenster offen, bevor alle wach waren in diesem Haus, der Wind wehte hinein

Einmal stand ich im Nachthemd, es war sehr früh, und ich sah meiner Schwester nach, wie sie rannte wie der Wind

Einmal stellte ich Milch, Brot, Schnaps auf den Tisch

Einmal fasste er mich an, sagte Worte, die ich nicht verstand, zeigte Geheimnisse auf

Auf einmal war und blieb ich meine Schwester, ersetzte ein um das andere Mal einen Menschen mit einem anderen

Einmal noch sah ich die Glühwürmchen im Glas, wurde noch einmal meine Schwester

Einmal mein Bruder dann: der Wind

Mutterns Gehirn

Es ist prächtig, das Gehirn meiner Mutter.
Es erträgt alles: uns Kinder, die Literatur und meinen Vater.
Es hat sich auch gewehrt, das Gehirn meiner Mutter.
Mit einem langen Tauchgang und vielen Tränen hat es
in fremden Tiefen Aufenthalt gesucht.
In dieser Zeit waren die Augen meiner Mutter wie durchsichtig.
Aber das ist heute anders: Ihre Augen sind grau-grün-blau.
Meine Mutter pflegt ihr Gehirn in anderen Sprachen,
mit Sudoku, zahlreichen Terminen und Plänen, die zu
Reisen, Aufträgen,
Strukturen führen. Manchmal
möchte das Gehirn meiner Mutter sich ausruhen,
dann sehen wir Filme in schwarz-weiß und
denken ganz einfache Dinge:
Du und ich,
wir sind zwei,
wir sind immer schon,
wir sind gelegentlich frei,
wir sind weit davon.
Und dann tippen wir wieder in unsere Tastaturen.
Meine Mutter postet ihr neues Profilbild bei Facebook,
das ihr Gehirn zeigt, hinter einem hinreißenden, lachenden
Gesicht mit krassweißen Haaren. Ich denke dann immer:
Hab ich ein Glück und sie kriegt umgehend mein «Gefällt mir».

Haus bestellt

Als ich hörte, dass der Tumor in der Lunge zu groß war,
schrieb ich Briefe, Karten, Sätze auf Etiketten, Namen auf
Klebezettel und heftete die auf Gegenstände und begann so
mit dem langen Prozess der Umbenennung der Dinge
Ich dachte an Bichsel und an die verzweifelte Person, die ich
nie sein wollte und an Jeanne d'Arc und an Frida Kahlo und
sah in den Spiegel, streckte mir meine Zunge entgegen und
dachte, dass ich nie das andere Ende von ihr gesehen hatte und
freilich musste meine Zunge doch ein anderes Ende haben
Meinen Kehlkopf beobachtete ich. Wie er sich aufführte in
meinem Hals beim Schlucken. Wie ein zu enger Käfig für
ein kleines Tier, dachte ich, und ich betastete die Stelle, an
der die Schilddrüse liegt, von der mein Begehren und meine
Fruchtbarkeit gesteuert wurden. Wer hätte gedacht, dass der
Welt Kinder aus den Hälsen viel eher als den Bäuchen der
Frauen geschenkt werden
Wenn wer anrief, ließ ich den Anrufbeantworter meine
Stimme meiner Stimmung voranplappern, hob dann ab, blies
einen Luftstrom durch meine Lungen und den Tumor darin,
sagte meine Abschiede in den Hörer hinein. Nahm entgegen
Tränen, Flüstern, Letztes
Ich stellte mir den Tumor vor als einen festen Knoten, erin-
nerte mich an Knetmasse, die man in Händen zu Klumpen
formte und zu Kugeln, indem man sie auf der Tischplatte
rollte

Der Tumor gehörte mir, war fest in mir eingeschlossen

Da war nichts

Da konnte man nichts

Was man hätte

Mehr tun

Man hätte tun können. Nichts

Es hoben sich meine Rippen, meine Lungen blähten sich voll Luft, ich atmete aus, alle Abläufe rückwärts, und ich atmete ein

Auf dem Kühlschrank klebte `Nina`. Auf dem Regal `Eva`. Auf der Lampe `Markus`. Auf der Bobrowski-Ausgabe `Nina`. Auf der Skulptur `Nina`. Auf dem Schachkoffer `Eva`. Auf dem Spiegel `Markus/Nina`. Auf dem Fernseher `Clemens`

So liest sich also meine Sprache, dachte ich, und wiederholte ihre Wörter

Nina, Eva, Markus, Clemens

Die Leute sprachen von 26 Buchstaben, ich sprach in 12

`Darin meine Formeln, alle Regeln und Ablauf-`
`beschreibungen, die Festlegung des Äqua-`
`tors, die Grammatik, die Nordung des Kom-`
`passes, die Axiome der Zahlen, die Gesetze`
`des Wärmeaustausches`

Als sie kam, war alles bereit. Der Prozess der Umbenennung der Dinge war abgeschlossen: der Spiegel im Gang/Markus, der Anrufbeantworter/Nina. Ich hatte mich aus meinen Räumen bis auf mein Bett (kein Zettel) zurückgezogen. Ich war stolz, so bereit zu sein

Beinahe hätte ich einen Koffer gepackt, leicht, nur mit dem Nötigsten gefüllt, bis mir klar war, dass ich nichts an mir, keinen Stoff mehr spüren, kein Leder mehr tragen, für kein Wetter mehr Fläche sein wollte. Alle Koffer und Taschen / Eva

Sie unterhielt mich, brachte Tee und las aus den Magazinen vor, die ich ihr auftrug zu kaufen. Wir sahen Krimis im Fernsehen, sie legte sich dazu neben mich. Eng an mich. Sie wurde klein, weinte. Ich gab ihr meine Arme, blies, so ich konnte, einen Luftstrom durch meine Lungen, spürte darin nun den Widerstand und ließ meine Finger mein Flüstern übersetzen, indem sie ihr am Ohrläppchen nestelten

Ich fand heraus, wie geschwätzig meine Finger waren, wie sie erzählten von Liebe, die ganze Zeit

Sie stellte Fragen. Die hatte sie mitgebracht. Nicht mehr viel konnte beantwortet werden. Sie zeigte mir Bilder, ich kramte nach Namen in meinem Kopf, nach der Erinnerung an Schrift in meinen Händen

Ich dachte, dass ich ihre Kinder nie würde sehen können

Ich hoffte, dass sie aufhören würde mit diesen Fragen

Ich schloss die Augen, wenn ich nicht mehr gesehen werden wollte

Der Tumor wuchs über meine Träume hinaus in unseren Tag, der hinter den Vorhängen lag. Die Nacht schlich in Schatten um mein Zelt und bildete sich im Inneren groß ab gegen die Wände aus Tierhaut. Jemand schlug eine Trommel, ein Indianer öffnete den Mund, sprach sehr leise. Der Tumor war mein Monster. Ich war seine Höhle. Aus mir lugte er, um mein Kind zu ängstigen. Ich stellte mich davor, vergaß, weshalb ich wen schützen wollte. Ich glitt in den Schlaf, manchmal aus einem Satz hinaus. Ich sah große Männer im Zimmer stehen, konnte mich kaum erklären. Offensichtlich sah mein Kind die Männer nicht. Wer war bei mir? Ich beruhigte mich

Still, wer müde geht

Spekulationen: Ob alles in mir weiß, dass ich sterbe, jede Zelle? Auch die in den Füßen, weit weg von der Körpermitte? Weiß alles in mir, dass alles in mir sich abschaltet, dass das ein Befehl an alle Einheiten ist? Ich glaube, dass Haare und Nägel sich noch länger an das Funktionieren erinnern, noch länger treu sind, länger als das Herz. Dann wieder: An wen denkt ein Herz, wenn es nicht mehr schlägt?

Da war noch ein Denken, ein Fühlen und die Liebe in den Fingern, mein Alphabet, meine Grammatik und alle Wörter, die ich kannte: die Namen der Kinder, das Mitleid, die Trauer über Versäumnisse, Jahre zwischen allem, ihre Fragen und meine und derer unzählige

Als sie aus war, ein paar Äpfel kaufen, eine Zeitung, auf ein Gespräch mit einem fremden Gesicht, auf ein paar Wörter, die nichts mit ihr oder ihrer Mutter zu tun hatten, ein Getränk, das nichts mit Tee zu tun hatte, hielt ihre Mutter den eigenen Atem in einem sehr klaren Moment an, wurde überrascht von Gedanken an eine lang zurückliegende Reise in Polaroids: eine Cabriofahrt, ein Tuch im Haar, einen lächelnden Mund im Rückspiegel und

(Überbelichtung)

an nichts

(Überbelichtung/Riss)

weiter

Ich stellte die Einkäufe ab, rief «Hallo Mama, ich bin zurück» in den Gang und sah nach der Post im Briefkasten unter dem Schlitz in der Tür. Ich entnahm die Briefe, sortierte die Werbung aus und warf sie in den Papiermüll in der Küche. Ich setzte Wasser auf, stellte ein Tablett/Nina bereit, eine Kanne/Clemens darauf, zwei Tassen/Clemens, holte die Einkäufe in die Küche, rieb zwei Äpfel in eine Schale/Clemens, mischte etwas Zucker und Zimt unter, kostete. Ich entschied, dass es Pfefferminztee sein sollte, goss das heiße Wasser auf zwei Beutel in der Kanne und trug das Tablett zusammen mit der Post in das Zimmer meiner Mutter. Die Tür zum Schlafzimmer war immer offen, seit ich angekommen war, ich ging hinein, gewöhnte meine Augen an die Dunkelheit, stellte das Tablett langsam auf den Nachttisch/Markus. Ich setzte mich an ihre Seite

Sie atmete nicht mehr. Ich strich ihr eine Strähne aus dem Gesicht, knipste die kleine Lampe/Clemens neben ihrem Bett an, drehte den Schirm weg von uns und sah in dem indirekten Licht in das Gesicht meiner Mutter

Ich begann darüber zu weinen, dass sie mich über Äpfel hatte nachdenken lassen, während sie beschlossen hatte, sie nie mehr zu essen. Sie hatte sich davongestohlen und ich saß mit einer Schale geriebener Äpfel an ihrer Seite und war ein sehr kleines Kind

Der Raum begann, die Farben von Zimt und Pfefferminz anzunehmen, ich rührte mich kaum, sah auf die Hände meiner Mutter im Halbdunkel und erinnerte mich an die schnellen Beben in ihnen, die Unruhe nach den Jahren, das immer wieder

Ich sah auf die mitgebrachte Post und dachte an die Briefeschreiber, denen ich eine formelhafte Antwort mit handschriftlicher Anrede würde senden müssen. Ich erinnerte mich kurz an die Erzählungen einer unglücklichen Liebe meiner Mutter als sie 20 und mit ihrem Freund nach Italien gefahren war. Auf den Bildern dieser Reise sah sie fremd aus. Das Mädchen lächelte frei

Ich hätte ihm heute in sein Foto flüstern können, wie es sterben würde

Du stirbst

an diesem Tag

neben deiner Tochter

in deinem Bett

in einem Zimmer

in einer Wohnung

in einem Haus

in einer Stadt

nahe einem Zoo

nahe einer Straßenbahnstation

nahe einem guten Bäcker

nahe einem Haus, in dem eine Freundin wohnt

Das Mädchen lächelt frei

Nach ihrem Anruf hatte ich an die Erzählung von Jacob Hein denken müssen, die ich im Urlaub gelesen hatte, vom Sterben seiner Mutter

Ich dachte an Mamas Hände auf meinen, an ihre Postkartensammlung, ihre schöne, geschwungene Schrift, ihre Stimme, an die letzten Tage vor meinem Abitur. Ich durfte nicht vergessen, meine Mundhöhle auszulegen mit allen Fragen, die ich an sie hatte. *Noch* wurde ein Wort von bestimmter artikulatorischer Dauer, cherished possibility

Ich wurde überrascht, als ich bei ihr ankam

Sie hatte das Haus bestellt. Für mich waren nur ein paar Tage, ein paar Tätigkeiten in ihnen geblieben. Alles war mit gelben Klebezetteln bedeckt. Nina, Clemens, Eva, Markus. Überall wiederholten sich unsere Namen. Sogar auf dem Nachttisch klebte einer meiner Brüder. Ich lächelte immer nur flüchtig in ihr wechselndes Gesicht, bewegte mich schnell durch den Rest der Wohnung. Wurde langsam nur um das Bett herum, schob Gedanken durch meine Organe

Ich weinte, weil sie alles für mich vorbereitet hatte, nur nicht diesen Moment. Während ich kurz aus dem Saal gegangen war, war der Film von der Spule gelaufen und ich war zurückgekommen in ein bereits erhelltes Kino, aus dem andere auf dicken Teppichen geräuschlos herausschlichen. Ich konnte sie nichts mehr fragen. Das Ende hatte ich verpasst

Ich hatte so viel Unbeantwortetes in mir wie nassschwere Kleidung am Leib, die meine Schultern nach unten presste, meine Füße plättete

Ich weinte, weil sie mich mit einer Schale vor sich sitzen ließ, die ich ihr bereitet, die ich nach ihrem Geschmack süß abgeschmeckt hatte. Ich dachte kurz, dass sie ein Genie war, weil sie mich mit süßem Geschmack im Mund trösten wollte und sie dachte, dass ich im Laufe des Tages davon essen konnte Auch diesen Moment hatte sie für mich vorbereitet

Ich ging zum Telefon und rief alle nacheinander an

«Mama ist tot. Bitte komm her.»

Ich freute mich auf meine Geschwister, dachte an uns, als wir klein waren. In Erwartung (auf was?) setzte ich mich neben dem Telefon/Eva aufrecht hin. War für eine kurze Weile ganz still in mir, weinte noch viele Jahre, aber in diesen Momenten nicht mehr, zog einen Seidenschal (und alle Kleider, Stoffe Nina/Eva) aus der Kommode/Markus auf der das Telefon stand, band ihn mir in die Haare, roch wie meine Mutter, lächelte, sah in den Spiegel im Gang, streckte mir die Zunge entgegen, sah ein verweintes Mädchen einen Scherz machen

Dann rief ich das Bestattungsunternehmen an, das sie auf ihrer Liste vermerkt hatte

«Ja, meine Mutter. Zu Haus in ihrem Bett.»

«Ein Einzelbett.»

«Ja, sie hat sich ein Kleid ausgesucht. Ich lege es raus.»

«Könnte ich dabei sein?»

Ich ging zurück zu ihr ins Schlafzimmer und legte mich die letzten Momente, in denen ich sie in meinem Leben berühren konnte, neben sie. Ich wollte in der Lage sein, noch meinen Kindern zu erzählen, wie sich ihre Großmutter angefühlt hatte, wie ihre Haut beschaffen, aus welchem Körper ihre Mutter geschlüpft war. Ich blickte auf das stille Wesen, die Menge Mensch, auf die es nach einem Leben hinausgelaufen war, sah die Narben auf den Unterarmen von aufgekratzten Mückenstichen und einem Filetmesserschnitt. Ich sah Narben, deren Geschichte ich nicht kannte und ich fragte mich, wie viel Leben meine Mutter ohne mich gelebt und ich bedauerte jeden Moment, an dem ich nicht teil gehabt hatte

Man spricht von der Notwendigkeit von Abnabelung. Man spricht nicht vom Vermissen, wenn es um die Eltern geht, sie noch leben und man selbst in der eigenen Wohnung sitzt am Ende eines Tages, den keiner ganz verstanden hat, nur wenig davon man selbst. Von der Unsicherheit der Schritte, dem Wanken der Vorstellungen spricht man zu den Freunden, den Geliebten. Ich sehnte mich auf einmal danach, ein Haus, einen Mann, Kinder zu haben. Und ich erschien mir sehr wertlos, unbedeutend und arm, schämte mich fast, weil ich nichts davon besaß, ich so lose in der Welt war

Ich drehte mich neben meiner toten Mutter auf den Rücken und sah an die Decke, die sie die letzten fünfzehn Jahre beim Zubettgehen gesehen hatte und suchte ihre Hand, die ich hielt

und hielt

und hielt

bis es an der Tür klingelte und es egal war, wer dort stand.

Geister vergessen

Als ich ging
Bat ich sie, mitzukommen
Ich hielt die Tür auf und den Blick gesenkt
Damit sie ausziehen konnten, frei wurden
Im neuen Heim lebte sie
Nahe dem Wohnzimmerfenster
Er im Arbeitszimmer nahe der Tür
Sie sahen, wie ich mich plagte
Und es lagen ihre Arme um meine Schultern
Ohne Gewicht und Konsequenz
Es hoben sich die Gedanken und
Das Herz und als ich weggerufen wurde
Packte ich alles, verschiffte, versandte
Verabschiedete und wurde weniger an diesem Ort
Und ich vergaß, sie zu bitten,
mitzukommen in mein altes Leben
das sie kannten zum Überdruss
und es scheint mir, sie lebten immer noch
in der Wohnung, die ich verlassen habe
Meiner Freundin sage ich:
Habe meine Geister vergessen
Und sie weiß zu sagen
: die kommen nach

Berliner Liegewiesenmädchen beschreibt die Umstände

Die Nachtigallen – alle Romeo-bitches, allesamt –
schlugen
auf mich ein
verteilten ihre Süßlichkeit auf meine Trommeln,
fehlte nur, dass ich schwach wurde
in diesem siffigen Park unter diesem läppischen Mann.
Viel zu jung für eine junge Frau.
Und trotz all dieser unvermögenden Potenz
wurd' schwanger ich von Nacht und Nebel
hatt' keiner mir gesagt, wie man's nicht wird
da saß der Terror wohl am läng'ren Hebel
und ich hatt' Zuckerwatte, einen Candy Shop
da zwischen meinen Beinen, die eigentlich
nur heim und hoch und heil ins Bett
das Mädchen tragen wollten
auch sie versagten, grün und blau
geschlagen von Romeos bitches
– es bleibt doch stets beim Hören (sagen
sie doch sonst). Die Lerchen schlagen
und hier im Park herrscht prügelheller Tag.

Es bleibt doch stets beim Hören (sagen)

Sprich die raren Dinge

Sag Ozelot
Dodo
Leviathan
Amethyst
Rubin
Kaviar
Nerz
Einhorn
Xoloitzcuintle
Ein reines Herz
Ein frohes Gemüt
Muskat
Safran
Business Class seats

Die Reichste im ganzen Land

Ich hole Geld
aus einem Loch in der Wand
mit Zahlenmagie und
einen Spiegel gibt's auch und
ständiges Fragen: Wer ist die
Reichste im ganzen Land.
Dann ist's immer die Andere,
hinter welchen Bergen, unter welchen
Zwergen auch immer.
Und das Geld aus dem Loch in der Wand
fühlt sich an, als wär's nicht von mir.
Fühlt sich an wie giftiger Apfel, ziepender Kamm,
gläserner Sarg. Rate um Rate

Geschichte vom Hund

War ein Hund.
Klein, nicht groß, halb wild.
War kein Kind. Ohne Kind kein Mitleid, keine Streichelei,
kein Napf an einer Ecke, kein Halsband, keine Zugehörigkeit.
War der Hund frei.

War der Hund Freiwild. Für die Tritte und Flüche.
War der Hund bald dünn.
Erinnerungslos, immer hungrig.
Sehnsüchtig nach etwas.

Sah der Hund andere. Große, nicht kleine, ganz wilde.
War der Hund schüchtern. Allein ohne richtige Rolle.
Braucht dich keiner, dachte der Hund.
War die Wahrheit.

Suchte die Wahrheit einen Hund.
Fand sich einen. Den kleinen, nicht großen, halb wilden.
Fand ihn bei den anderen, allein.
Legte ihm ein Halsband um, sagte ihm:

Wollt dich keiner, warst frei, aber auch ohne Mitleid
und hungrig.
Das ist wahr. Bist jetzt nicht mehr lose in der Welt.
Bist auch nicht mehr frei.

War der Hund froh. War der Hund alt, als er starb, mit einem
Napf an der Ecke und einer Hand in seinem Fell, unfrei.
Und immer weiter froh.

Ich rede mit dem 18-Jährigen

Ihr
Ihr seid alleine
Wisst ihr das schon
Wenn eure Eltern fort sind
Seid ihr alleine und es ist dann an euch alleine
Die Rechnung zu schließen
Gut rechnen müsst ihr
Rechnen wie Nobelpreisträger
Und Heben müsst ihr können:
Herzen, Menschen, Stahl
Ihr habt doch alle keinen Krieg
Ja, wie ich auch nicht
Und doch
Meine Eltern sind noch voller
Bilder, Bilder, Töne
Die mich auch betreffen
Ihr seid

Gang mit Hermelin

Einen schweren Schuh hatte ich gewählt. Natürlich auch einen entsprechenden zweiten, das Tragen von Socken hatte ich erwogen, die Entscheidung zugunsten blauer Exemplare gefällt. Vorabendlich hatte ich in der Bar bei einem dunklen Glas auf der Karte einem Finger Weg gebahnt. Dem, der mit Vorliebe aufzeigt. Auf exakt diesem Weg wollte ich dem Laufapparat befehlen, beschuhten Fuß vor beschuhten Fuß zu setzen. Mit dem Volksmund hatte ich die Worte: *Ich gehe jetzt los* gemurmelt. Wer immer es hören wollte mit Volkes Ohren, sollte informiert sein, dass da jetzt keine sinnlose Laufhandlung in Gang kommen sollte, sondern ein Anstieg, eine Art der Ausschweifung, im besten Sinne eine Meditation in Bewegung, man just hier im Begriffe war, sich der langen Tradition der Wanderschaft anzuschließen, ja das Schaustück «Berg nach Tal» zu geben. Dass mich ein Hermelin ansprechen und aufgrund eines zaghaft artikulierten, zarten und unbestimmten Einsamkeitsgefühls und zum Widerstand gegen eben dieses auch den ganzen Tag begleiten sollte – wie hätte es mir beim Aufbruch um 7:13 Uhr vom Vorplatz des Lindner Hotels in Leukerbad ersichtlich sein sollen?

Das Wandern ist eine Lust. Die Farben der Natur sind prächtig. Das Grün ist satt. Der Berg ist hoch. Außerdem ruft er. Die schmerzenden Füße kann man im Wildbach erfrischen. Tiere können nicht sprechen. Der Mensch trägt die Krone der

Erschöpfung. Einem Blinden sage ich: Die Welt ist schön, die Stofflichkeit der Dinge verrät den Geist Gottes. Über allem. Ich trage Größe 42, und wenn ein Gewitter kommt, meide ich Bäume und kauere mich in eine Kuhle. Am Jüngsten Tag werde ich auferstehen. Ich trage auffällige Schutzkleidung, weil es dann weniger zu Verwechslungen kommt. Ich trage Impfpass, Krankenversicherung und Blutgruppen-Information bei mir. Wenn – im Falle eines Absturzes mit ungewissem Ausgang für den Gestürzten – ein Helikopter gerufen werden muss, sage ich unbedingt, dass das Opfer 12 Meter tief gefallen ist. Dann kommt garantiert einer. Alles wird gut.

Diese Sätze gelernt habend, um angenehmer Konversation auf meinem Weg vorbeugen zu können, brach ich auf, dem unverhofften Schicksalsfreund zu begegnen. Ein Bekenntnis schicke ich meiner Schilderung noch voraus: Ich *sehe* die Natur nur manchmal. Selbstverständlich kann ich sagen: Das ist sehr schön hier!

Ich erkenne Berge und Wiesen, Heuwender, kann Tiere zu ihren Namen führen und Bauern zu ihren Landmaschinen. Trotzdem gibt es eine gewisse Entfernung zwischen den Elementen meiner Wahrnehmung. Das eine taucht hier auf, das andere dort, gleich Erkenntnisschafen auf grauer Weide – ich hatte noch nicht erwähnt, dass ich farbenblind bin. Ist die Natur an mich verschwendet? Gibt sich die grüngraue Dirne selbst mir allzu willig, dabei jedoch erfolglos, hin? Sicher.

Doch ist es durchaus so, dass ich die Aufmerksamkeiten der Natur gegenüber uns Menschen, gar dem Typus Wanderer, zu schätzen vermag. Sie inspiriert, auch zwingt und tötet sie. Manchen tröstet sie, führt ihn in den Wahnsinn und manchem bietet sie eine Heimat fern der Ortschaft «Heimat». Sie lügt selten. All das beeindruckt. Wahr nehme ich sie trotzdem nur, wenn sie sich mir aufdrängt durch Hindernisse, Phänomene wie Hitze, Kälte, Schmerz und Unerklärliches. Ja, und durch Wasser, Tiefen und Höhen, Geräusche und Stille.

Meine Wanderung hatte mit einem Schritt begonnen und diesem Schritt waren mehrere gefolgt, genauso wie einem Gedanken eine ganze Reihe nachdrängt, die einen beunruhigen kann, aber eben auch unterhält. Die ersten steilen Passagen veratmete ich zu meiner Überraschung leicht. Das ungewohnte Tragen eines Rucksacks ließ einen großen Schweißfleck auf meinem T-Shirt-Rücken wachsen. Ich stellte fest, dass die Schuhe und die Socken gut gewählt waren, denn sie schmerzten gleich hinter dem Ortsschild, was mich den Weg und damit nun endlich wieder mal etwas spüren ließ.

Der Weg war nicht schmal, er war mit Geröll bedeckt und kleine Steine fingen sich im Profil meiner Schuhe. So musste das sein. Ich fühlte keinerlei Befremdung. Man hatte mich eingehend über die Effekte aufgeklärt, die die Natur auf

Bekleidung haben konnte und weshalb es sinnvoll ist, darum im Vorfeld, ein paar Gedanken an sie aufzuwenden. Das alles habe ich verstanden, auch wenn es mich geängstigt hat. Geld auszugeben, damit Sorgen zu vergrößern, um an einen Ort zu gehen, der einem die – nur durch ihn entstandenen – Sorgen vergessen lassen sollte, schien mir widersinnig. Tief in diese Gedanken verstrickt, war mir der kleine Schatten, der sich neben mir im wegsäumenden Blätterwerk der Büsche entlangstahl, wohl eine ganze Weile entgangen.

«Sie sprechen mit sich», bemerkte eine lispelnde Stimme von der Seite.

Abrupt stoppte ich meinen Laufapparat, kniff die Augen zusammen und blickte mich hektisch um. Meine Stirnfalten sollten Mut und Entschlossenheit zeigen, die mir tatsächlich fehlten. «Wo sind Sie?» fragte ich, nachdem alles Umherblicken keinen Sprecher vor Augen geführt hatte. «Hier», lispelte es. «Hier unten, ich bin, was Sie ein Hermelin nennen.» «Mein Gott», entfuhr es mir.
«Schon gut, Sie müssen nicht denken, dass ich das jeden Tag mache. Einen Mensch ansprechen, aber da Sie mit sich sprechen, dachte ich …»

«Ich muss mich setzen, damit habe ich nicht gerechnet», sagte ich wirr.

«Wie hätten Sie können?», fragte das Tier verständig, ja sanft. Ich setzte mich mitten auf den Weg. Verdattert.

Das Tier trat nun vollständig aus seiner Deckung und näherte sich mir unverzagt.

Ich riss die Augen auf und zog eilig meine Beine an. Gleichzeitig waren mir meine Bewegungen peinlich, schließlich war ich ein rationaler Mensch und wollte nicht vor Irrationalem weichen.

«Ich verstehe Ihre Verwunderung, aber nur selten begegne ich einem Menschen, den ich verstehe.» Erklärte das herrlich braune, agile und feingliedrige Tier mit einem kleinen Maul voller spitzer Zähne. «Aha», sagte *dieser* Vertreter der Schöpfung.

«Ich möchte Sie begleiten. Sicher gewöhnen Sie sich daran, dass ich spreche, wenn wir uns ein bisschen unterhalten. Würden Sie sich mit mir unterhalten?»

Auch mein Starren war mir peinlich. Ich konnte meinen Blick nicht von diesem Maul wenden, während es so gesetzt und ernsthaft, ja im Ganzen unerwartet nuanciert zu mir sprach. Die sofortigen Gedanken um ein Einfangen des Tieres, um mit ihm – dem sprechenden Hermelin! – rund um die Welt Geld zu verdienen, beschämten mich. Als ob es meine Gedanken lesen könnte – konnte es meine Gedanken lesen? –, sagte es lakonisch: «Wenn Sie mich fangen und in einen Käfig stecken, spreche ich kein Wort mehr, und alle Menschen, denen Sie mich vorführen wollen als sprechendes Hermelin, die werden Sie für verrückt erklären, und mit Verrückten will man nicht viel zu tun haben.»

Ich war entdeckt in meiner Entgeisterung, meiner Raffgier und Schwäche und natürlich in meiner Angst. Ich war nackt vor diesem Pelztier.

«Tiere können nicht sprechen», wiederholte ich meinen gelernten Satz und erhielt einen mitleidig-stirnrunzelnden Blick des Hermelins, das eindeutig sprach und dem ein solcher Ausspruch nichts zuleide tun konnte.

Irgendetwas in mir wieselte nach kurzer Weile an die Wahrnehmungsoberfläche und gab mir den Satz «Ich werde mich gerne mit Ihnen unterhalten», ein und eine umständliche Bewegung später stand ich, klopfte mir den Geröllstaub vom Hosenboden und blickte dem Hermelin in die dunklen Augen.

«Wohin gehen Sie? Einen bestimmten Weg entlang?», fragte das Tier in aufgereckter Haltung, auf seinen Hinterläufen hockend mit den Vorderpfötchen in der Luft.

«Ich hatte mir einen Weg ausgesucht auf der Karte und wollte den gerne ablaufen», entgegnete ich dem Hermelin und versuchte, die Szene von außen zu betrachten.

Ein Mensch, an seinen Attributen als nicht natürlicher, aber instruierter Wanderer erkennbar, sprach auf einem steilen Weg bergan mit einem kleinen Raubtier, welches das Gespräch obendrein eröffnet hatte.

Ich stellte eine Frage, die mir rasch und unbedacht formuliert erschien, und trotzdem kam sie mir über die Lippen: «Ist das hier ein magisches Land und viele Tiere können sprechen?».

«Nein. Also nicht, dass ich wüsste. Ich kenne noch ein Murmeltier und einen Habicht, der *Mensch* spricht, aber ansonsten sprechen nur Sie und Menschen wie Sie. Ihre Sprache ist kompliziert. Die meisten Tiere sind monolingual. Und verzaubert… nein, ich glaube nicht, dass wir verzaubert sind hier am Gemmipass. Wir sind eher genervt.»

«Genervt?», wiederholte ich irritiert.

«Ja, wegen der Umstände.»

«Welche Umstände meinen Sie?» Wir setzten unseren Weg fort und es entspann sich ein lebhafter Gesprächsfaden, der zu einer weiteren Fädelung anderer Fäden wurde, in deren Geflecht ich von den einschränkenden Baumaßnahmen, anstrengenden Skifahrern, waghalsigen Mountainbikern und schmutzenden Wanderern entlang der Wege erfuhr. Ein bisschen Klischee, dachte ich mehrmals während seiner Ausführungen, schwieg aber.

Meine Gesprächsanteile waren zunächst nonverbal. Ich nickte viel, starrte vor mich hin oder das Hermelin an. Dann sagte ich unvermittelt: «Ihr Fell ist sehr schön» und war sofort unangenehm betroffen von meiner explosiven Offenheit. Außerdem war mir nicht bewusst, ob ich einem männlichen oder weiblichen Hermelin dieses Kompliment gemacht hatte. Mein Satz schien das Tier tief zu treffen, es hielt inne, sah mich an und fragte mich: «Ist Ihr Herz heil?».

Es beschlich mich eine unheimliche Ahnung, dass es sich bei diesem Treffen mit einem sprechenden Tier bereits um eine Episode im Fegefeuer handelte. Ich fürchtete auf einmal, heute Morgen, kurz vor Aufbruch zu meiner Wanderung, ohne mein Wissen, geschweige denn ohne ein Gefühl für die Konsequenzen, verstorben zu sein. «Bin ich tot? Oder sagen Sie mir gleich, dass ich bald sterben werde? Haben wir uns deswegen getroffen?», fragte ich das Hermelin.

«Wo denken Sie hin? Ich bin doch kein indianisches Totemtier. Ich bin für mich. Ich bin nicht für Sie, habe gar nichts mit Ihnen zu tun, möchte wie ein Tier leben. Immer beziehen die Menschen auch uns Tiere auf sich selbst. Ich habe ja auch nicht für Sie sprechen gelernt, sondern für mich. Wegen der Jäger hauptsächlich. Aber …», und es machte eine dramatische Pause. «Wie steht es denn um Ihr Herz?»

Und ich weiß nicht, warum ich diesem Kurzschwanzmarder nun an dieser Stelle, am Ufer des Majingsees, mein Leid klagte und von meinem Verlust berichtete, meinen wunden und gefluteten Herzkammern und der Trauer, die mich seither taub und gefühlsarm machte. Kurzum von meiner medikamentierten Depression. Mein Monolog endete mit den Worten: «Und es wird sein wie immer. Ich bin dann leer.»
Das Hermelin hatte den Kopf schräg gelegt und mich angeblickt mit seinen stecknadelkopfgroßen schwarzen Augen, und ich hatte mich nicht in diesen Augen gespiegelt, denn es wollte mich nicht in seinem Kopf haben. Es sei ein Zuhörer, kein Therapeut, sagte es nach einer Weile der betretenen Stille.
«Auch ich bin einsam. Auch ich bin verlassen worden. Meine große Liebe, glaube ich. Bis in die Spitze meines Schwanzes war ich verliebt wie nie zuvor», öffnete es sich.
«So?», fragte ich zaghaft und ein trauriges Nicken antwortete mir. «Auf und davon. Mit meinem Herzen», sagte das Hermelin und bekam feuchte Augen.

Als zwei verwaiste Seelen liefen wir voran, still wie zwei, die etwas Wesentliches geteilt hatten. Längst war es Mittag. Trotz aller Abwehr, Magie sei nicht im Spiel, wenn Tiere sprechen und Menschen sie hören könnten, muss ich berichten, dass die Zeit wesentlich schneller verging im Gespräch mit dem Hermelin als alleine.

Auf dem Boden, wenige Schritte vor uns, bewegte sich flirrend ein ganzer Trupp geflügelter Ameisen um ein winziges Loch im Weg herum. «Sie versuchen es jedes Jahr. Die Ameisen mit ihren geflügelten Exemplaren. Sie wollen hoch hinaus, und nach nur kurzer Zeit fallen die Flügel aus, die Leiber werden unbeweglich, die Kameraden sterben, dann man selbst, und die Erinnerung an den Einzelnen ist die Erinnerung an alle gleichzeitig, weil es ja keine einzelne Ameise geben kann. Ich bin, so gesehen, gerne ein Hermelin.»

«Ja, so gesehen ist das schwere Los des Einzeln-Seins wohl doch angenehmer», sagte ich vor mich hin und dachte daran, wie ein einzelner Mensch erinnert wurde, in luxuriöser Exklusivität. Nur der eine oder eben: einer nach dem anderen. «Ich halte nichts von naturliebenden Menschen, oft sind sie besonders roh.»

«Wahrscheinlich ist das im Sinne der Erfindung. Rohheit gilt bei den Menschen als besonders natürlich», sagte ich und erinnerte mich an den untersetzten Mann in Goretex-Stiefeln und -Kleidung, der sich bei der Busfahrt nach Leukerbad vor mich gedrängelt hatte und allen durch sein lautes Telefonat von seinen Reisen und seiner Bewunderung für das Leben im Einklang mit der Natur kündete.

Das Hermelin und ich liefen auf dem Pfad, der sich nach den beiden Brücken bergab wandte. Gemeinsam hatten wir die reißenden Bergflüsse überquert, die sich ins Tal stürzten. Der Thermalquellenweg bot sich an, jedoch war ich – ganz zeitreisend in diesem Gespräch mit dem Tier, nicht willens, zu hoch zu steigen oder zu tief zu fallen in den bereits erreichten frühen Abendstunden. Wir bogen nach links ab und nahmen den Parallelweg, die Schlucht hinunter. Kurz verweilten wir auf einer Bank, und bevor ich mich setzte, überflutete mich ein wehmütiges Gefühl des Abschieds.

Von der Bank aus konnte man nichts anderes sehen als eine extrem steil ansteigende Wiese und eine braune, alte Scheune darauf, umrahmt von hohen Bäumen. Natürlich hörte man die Flüsse rauschen, die Kuhglocken läuten und ein Hermelin sprechen: «Ich fand es angenehm, mit Ihnen Zeit zu verbringen. Vielen Dank, dass ich Sie begleiten durfte. Sie verstehen allerdings, dass wir nach diesem Verschnaufen auf der Bank kein Wort mehr wechseln werden. Nie mehr.»

«Wie schade», sagte ich und meinte es, denn es schien mir, als hätte ich auf diesem Weg, der ein nicht allzu komplizierter, nicht allzu fordernder Wanderpfad war, eine der problematischsten und doch auch willkommensten Erfahrungen meines Lebens gemacht. Ich hatte mich einem ganz und gar fremden Wesen angeschlossen, mich geöffnet und meine gesamte Existenz hinterfragt und hatte zu dieser Frage eine schlichte, innerliche

Antwort formuliert. Wieder war alles möglich, nachdem die Trauer ausgesprochen und dadurch reguliert worden war. Sie war gebannt, nicht mehr ausufernd und gefährlich in mir.

«Es hat mir gutgetan, mit Ihnen zu reden. Sie sind ein trauriger Mensch. Die hören oft sehr gut hin. Bald sind Sie wieder gelassener und diese Dinge werden Ihnen nicht mehr passieren. Vielleicht setzen Sie auch ein paar Medikamente wieder ab. Ich glaube, dass Sie mich verstanden haben, hat auch etwas damit zu tun. Denken Sie darüber nach. Vielleicht sollten Sie mich nicht hören.»

«Das mache ich. Danke. Und hoffentlich können Sie die große Liebe verwinden und sich auch einfach über eine neue Liebe freuen», sagte ich mit aufrichtiger Beschwörerstimme.

Das Hermelin reckte sich noch einmal auf, streckte mir ein Pfötchen entgegen, das ich sanft zwischen Daumen, Zeigefinger und Mittelfinger nahm und schüttelte. «Leben Sie wohl», sagte das Hermelin feierlich und verschwand.

Die restlichen zwei Kilometer meines Weges waren traurig und heiter, wie es nur sein kann, wenn man nervlich überspannt ist, nach einem intensiven Traum etwa.

In der Lobby des Hotels stand ich hinter einem Mann, der grün gekleidet in ruppigem Ton mit der Dame der Rezeption sprach und von seinen Jagdabsichten erzählte. Die Dame lächelte gequält, wies auf das allgemeingültige Jagdverbot hin und reichte ihm seinen Zimmerschlüssel. Er zwinkerte ihr und halb seitwärts gelehnt auch mir mit den Worten «Am Ende erliegen sie mir alle» auf anzügliche Art und Weise zu und stolzierte davon.

Mir reichte sie meinen Zimmerschlüssel kommentarlos, jedoch mit einem zauberhaften Lächeln, das mich mutig und leicht, vergessend und klar machte. Die roten Lippen gaben viele spitze kleine Zähne meinem Blick frei und ich erwiderte ihr Lächeln sehr glücklich. Ahnend.

When waiting, a woman is funny

Drei fliegende Minuten

Hallo, ist das hier an? Halloooo. Hört mich jemand? Auch
ganz hinten? Kann man mich hööören? Kann man mich
verstehen?

Das hier ist der Prolog
Das ist die Rede vom Anfang, vom Zweck,
das sind die Reden vom Atmen, vom Schreck,
das sind die Reden vom Amen, vom Dreck

der Gesang vom Alpha, vom Z
die Gesänge vom Alef, vom Tet
die Gesänge vom Alter, vom Wert

Das hier ist der Prolog
Das hier sei ein Sog
Das hier sei ein sogenannter
Einstieg

Zuerst kam der Junge, zum Jungen viele Blumen, Sekt und
ein schöner, funkelnder Ring
Dann viel Geschrei und für Papa eine Geliebte
Dann kam noch ein Junge, der aber nicht bleiben konnte
Dann kam ein Hund, weil der Mut fehlte für einen neuen
Versuch
Zum Jungen, zum Hund, zum Kitten der Ehe, zum

Weiterleben nach dem Krieg, zum Neumachen, zum
Herstellen, zum Hinstellen, zum Gradstellen, aber vor allem
zum Kitten der Ehe meiner Eltern kam
Ich.

Mein Bruder
Mein Bruder und ich
Mein Bruder und ich haben wenig gemeinsam, außer das
Haus unserer Kindheit in einem kleinen Dorf, in dem unser
Vater Arzt und unsere Mutter seine Sprechstundenhilfe war.

Mein Vater
Mein Vater und ich
Mein Vater und ich und meine Mutter
Und mein Bruder
Mein Vater, ich, meine Mutter, mein Bruder
Der Hund
Mein Vater
Ich
Meine Mutter
Mein Bruder
Wir waren alle irgendwie seltsam. Und das Haus um uns
herum riesig.

Wir in diesem riesigen Haus.

Ich erinnere mich

Ich erinnere mich
Ich erinnere mich nicht

Ich war damals groß
Ich war damals größer als die anderen
Ich war immer schon klein

Mein Bruder und ich, wir spielten
Mein Bruder und ich, wir spielten selten
Mein Bruder, der spielte keine Rolle

Mein Vater war liebevoll, hatte immer Zeit
Mein Vater war lieblos, hatte nie Zeit
Mein Vater war Arzt

Meine Mutter war schön
Meine Mutter war schöner als andere
Meine Mutter lag oft tagelang im Bett

Der Hund bellte nie
Bellte selten
Starb früh
Wie alt wurde der Hund
Er war mein liebster Begleiter
Er ging nie mit, war faul
Aß ständig, war dick wie ein Ballon
Dünn wie eine Spinne, hoch wie unsere Knie, als er

überfahren wurde
Dann war der Hund weg

Unser Leben war riesig in einem kleinen Haus
In einem roten Haus,
einem blauen
einem weißen Haus auf einer Wiese
in einer Straße
in einem Land nach dem Krieg
in einem Land, das Leben

Das war meine Landschaft.

Lied vom missglückten Ernstgenommenwerden
Wenn man als junge Frau etwas will
Lernt man: lügen, lächeln und «sei still»
Wenn man als junge Frau einen will
Lernt man: mitgehen, hübsch sein – den Drill
Wenn man als junge Frau entscheidet und sagt: nein,
lachen die meisten und einer brüllt: Du bist mein
Wenn man als junge Frau daliegt und denkt:
Wär' er ein anderer, wär's nicht verschenkt, nicht so schlimm,
wär nicht alles zu spät und eben *nur* vieles dahin.

Das ist die Rede vom Rückblick. Als wäre das Leben gerade

und man sähe es als einen Lichtpunkt von einem Spalt aus.
Da sieht das Leben aus wie ein Laserstrahl und man weiß
doch, dass man in die partout nicht schauen darf. Also las-
sen wir das. Das war die Rede vom Rückblick.

Das Seufzen und Wehklagen der Tanten, das sich in Stricken
und Teigkneten und Betten schütteln übersetzt
(die haben einem nichts von ihren Abtreibungen erzählt, so
dass man lange denkt, man wäre der einzige Mensch, dem
so etwas widerfahren wäre …)

Traurige Verse vom Fragensagen mit einer Drogencoda
Wie sag ich's der Mutter,
wie sag ich's dem Hund,
wie sag ich's dem Vater,
wie formt das mein Mund
Und wenn ich mich bausche
wie eine Kugel
Wie sag ich's dem Kind:
Der! hielt meinen Mund.

Als ich endlich wegzog, hatte ich eine gute Zeit.
Rede von der guten Zeit, ohne Geld, aber mit Talenten

Ich konnte mich mühelos zu meinen Zehen strecken,
ich war flexibel,

schlief auf Hundedecken und im Paradies
ich konnte segeln
ich konnte wedeln
ich konnte sein wie alle anderen Mädel
nur gelenkig und noch vor Jane Fonda war ich New Age.

Ich war Studentin
Ich war Tänzerin, Trinkerin
Für mich galten andere Worte
Ich war Wetter und als Wetter war ich ständig Sturm
Für mich galten andere Regeln
Ich war Höhe und als Höhe war ich ein schwindelnder Turm.

Ich marschierte mit Bannern
Ich schrie Fragen in die Luft
Ich lachte und ertränkte mich
Und stand nie vor Mittag auf

Meine Pillen nahm ich mit einem AAAH im Schlund
Ich war ein Klischee
Ich war ständiges Kopfweh

Ich habe überlegt, wie alles zusammenhält
Ich habe geahnt, wie alles zusammenfällt

Ich habe dann etwas gelernt – Song von der Entscheidung,
eine wohlüberlegte Laufbahn einzuschlagen

Haha, ich habe gelernt
Hoho, das ging wie am Schnürchen
Hihi, hier hängt das Diplom
Huhu, wer zieht mich am Öhrchen
Ach so, das ist der Arbeitsmarkt
Aha, ich soll produzieren
Genauso hat man mir gesagt
Und mich bezahlt, wie die Kuh bei den Stieren.
Peng, hab ich Schluss gemacht
Krawall hab ich angesagt
Nichts davon aber gehalten
Still und leise bin ich davongeschlichen
Inwendig blaufleck und wund
Warum hab ich mir nie den Mund
Aufgemacht?

Die Reisen

Ich reiste viel
Da ich ohne Arbeit war, hatte ich ja Zeit
Auf Wegen mit rostigen Autos, in denen Matratzen lagen,
halbe, aufgeschnittene
Ganze Landkarten durchmaß ich
Über die Berge bügelte ich und siehe da: Die Schweiz wurde
ein immenses Land
Die Täler füllte ich auf mit Träumen

Wer viel reist, spricht so
Allmächtig.
Konntest du eigentlich Auto fahren? Wann hast du das gelernt?
Ich hab das gelernt auf Lanzarote.
Das Auto ein Lancia, der Rote.

Auf einem Highway hielt ich die Luft an,
ein Erdbeben ließ mich beten,
ein gutes Hotel machte mich Jauchzen
und ein Mann war die Bank.

Und die Bank war mir lieb und ich war ihr teuer.
Ich reiste viel. Ich war definitiv

Definitiv
Definitivamente
Hie und da böse
Auch immer wieder ein Ungeheuer.

Ich traf *ihn* auf einer Parkbank
Er las und lachte so schön
Ich hielt meinen Kopf schräg und kniff die Augen zu, um
ihn einzupassen
In meiner Augen Blick.

Ich reiste viel.
Und von da ab mit ihm

Und ich trug Siebenmeilenstiefel, die teuren aus
venezianischem Leder.
Dass wir uns misshandelten, das ist vollkommen klar.

Wir lachten über die Sanften ja sowieso.
Die waren kein Umgang für uns.
Wir waren rau und wie Schmirgelpapier, selbst wenn wir
uns demütig gaben.

Er warf mir die Sturheit vor,
ich ihm die Langeweile, die ihn umgab.
Er holte aus mit der Zeile:
Du bist verkorkste Idealistin.

Ich lachte gespielt und auch laut.
Das konnte nicht weitergehen. Und rannte doch drei Jahre voran.
Dann kam Peter, dann Torben, dann Thomas
Dann nach langem wieder ein Mann.

Der sah aus wie die Sonne.
Der roch wie das Meer.
Der hielt Sand in den Händen, den nannte er Zeit.
Den liebte ich
Den liebte ich
Den liebte
Ich
sehr.

Dem wollte ich Kinder geben,
mein Leben, vielleicht das, was sie «alles» nennen.
Als wäre es abzuwiegen in Pfund,
zu messen in Strichen auf Thermometern.

Genau dieser,
der liebte mich
liebte mich
nie.

Das weckte den Ehrgeiz, das kochte das Blut, das wetzte die
Messer.
Den heiratete ich.
Den ließ ich mir sagen, dass alle Minuten auf der Erde einer
mehr liebt
Als ein anderer und dem glaubte ich kein Wort.

Das war
Wie war das noch
Wie
Wie war das doch gleich

Das war wie
Das war total
Das war Scheiße.

Und eine teure Angelegenheit. Weil ich mittlerweile

Weil du mittlerweile

Weil wir mittlerweile Geld verdienten mit den ersten
Entwürfen.

Lied von der ersten Präsentation im Shoppingkanal
Und hier sehen Sie das Modell
Und hier sehen Sie das Gestell
Und hier sehen Sie was ich will
Was ich will, was Sie sehen solln
Das Modell trägt das Hemd, dieses Kleid
Das Modell das sind Sie, das sind Sie
Das Hemd, dieses Kleid, das Gestell
Wolln Sie das? Klar, solln Sie das!
Denn das werden Sie! Kaufen Sie schnell.

Sie haben letzten Mittwoch gesagt, dass Ihnen das Aufste-
hen schwerfällt. Wie ging es heute? Sie sind jetzt 5 Wochen
bei uns. Sind Sie sehr müde? Schildern Sie mal Ihren Tages-
ablauf! Treiben Sie Sport? Warum macht Ihnen das Angst?
Können Sie sich vorstellen, eine Reise zu unternehmen?
Schildern Sie mal ihre Situation in Ihren eigenen Worten ...

der schwarze Hund
das Kleid aus Blei
die Nacht im Gefieder
das Wesen aus Nebel
der Weg aus Wegen
die Fragen aus Leder
das Beschwören der Sinne
der vielfältige Trug
die Versuchung aus Tod
das große Schweigen
die Summe aus Zeit
der Körper im Raum
die Droge hilft
der Tag wird hell
das Leben: Traum.

Und dann war ich wieder da. Herausgestiegen aus dem
Bleibad.

Im Weltgefüge wieder vorhanden. Mein Telefon klingelte
wieder, meine Vasen füllten sich mit Blumen –
Oder hatte ich die nur nicht mehr gesehen?
Sie blühten müde vor mir her.
Sie blühten vor sich hin.
Sie blühten, blühten mich an und ich sah's.

Ich packe meinen Koffer.

Ich packe meinen Koffer mit einem Hut.

Ich packe meinen Koffer mit einem Hut und einem Hutband.

Ich packe meinen Koffer mit einem Hut und einem Hutband
und einer kleinen Zimmerpalme.

Ich packe meinen Koffer mit einem Hut und einem Hutband
und einer kleinen Zimmerpflanze und deinem Versprechennn
nnnnnnnnn (halten!)

Du sagtest:
Das wird alles wieder gut,
das wird alles wieder fein,
das wird alles wieder möglich,
das wird alles wieder sein.

Das sind wir auf einem Foto,
das sind wir vor einem Haus,
das sind wir mit einem Baby,
das sind wir in unserer Zukunft,
das wird alles wieder gut,
das schreiben wir dann unseren Freunden,
für das Ehrliche fehlt da aber schon der Mut.

Ich packe meinen Koffer mit einem Hut und einem Hutband und einer kleinen Zimmerpalme und deinem Versprechen nachzukommen.

Ich packe meinen Koffer mit einem Hut und einem Hutband und einer kleinen Zimmerpalme und deinem Versprechen nachzukommen und der Erinnerung an einen Kuss.

Ich packe meinen Koffer mit einem Hut und einem Hutband und einer kleinen Zimmerpalme und deinem Versprechen nachzukommen und der Erinnerung an einen Kuss und Minzlippen, die ihn küssten.

Ich packe meinen Koffer mit einem Hut und einem Hutband und einer kleinen Zimmerpalme und deinem Versprechen nachzukommen und der Erinnerung an einen Kuss und Minzlippen, die ihn küssten und viel Luftvolumen in deinen Schweigeminuten.

Ich packe meinen Koffer mit einem Hut und einem Hutband und einer kleinen Zimmerpalme und deinem Versprechen nachzukommen und der Erinnerung an einen Kuss und Minzlippen, die ihn küssten und viel Luftvolumen in deinen Schweigeminuten und Herztöne.
Ich packe meinen Koffer mit einem Hut und einem Hutband und einer kleinen Zimmerpalme und deinem Versprechen nachzukommen und der Erinnerung an einen Kuss und

Minzlippen, die ihn küssten und viel Luftvolumen in deinen Schweigeminuten und Herztöne, die man durchs Telefon kaum wahrnahm.

Ich packe meinen Koffer mit einem Hut und einem Hutband und einer kleinen Zimmerpalme und deinem Versprechen nachzukommen und der Erinnerung an einen Kuss und Minzlippen, die ihn küssten und viel Luftvolumen in deinen Schweigeminuten und Herztöne, die man durchs Telefon kaum wahrnahm und doch eingestehen musste, dass sie da waren.

Ich packe meinen Koffer mit einem Hut und einem Hutband und einer kleinen Zimmerpalme und deinem Versprechen nachzukommen und der Erinnerung an einen Kuss und Minzlippen, die ihn küssten und viel Luftvolumen in deinen Schweigeminuten und Herztöne, die man durchs Telefon kaum wahrnahm und doch eingestehen musste, dass sie da waren und einem auf die Zunge pulsen wollten.

Ich packe meinen Koffer mit einem Hut und einem Hutband und einer kleinen Zimmerpalme und deinem Versprechen nachzukommen und der Erinnerung an einen Kuss und Minzlippen, die ihn küssten und viel Luftvolumen in deinen Schweigeminuten und Herztöne, die man durchs Telefon kaum wahrnahm und doch eingestehen musste, dass sie da waren und einem auf die Zunge pulsen wollten und dir sagen:

Nora: Ich packe meinen Koffer mit einem Hut und einem Hutband und einer kleinen Zimmerpalme und deinem Versprechen nachzukommen und der Erinnerung an einen Kuss und Minzlippen, die ihn küssten und viel Luftvolumen in deinen Schweigeminuten und Herztöne, die man durchs Telefon kaum wahrnahm und doch eingestehen musste, dass sie da waren und einem auf die Zunge pulsen wollten und dir sagen und jetzt, doch jetzt muss ich doch fort.

Ich packe meinen Koffer mit einem Hut und einem Hutband und einer kleinen Zimmerpalme und deinem Versprechen nachzukommen und der Erinnerung an einen Kuss und Minzlippen, die ihn küssten und viel Luftvolumen in deinen Schweigeminuten und Herztöne, die man durchs Telefon kaum wahrnahm und doch eingestehen musste, dass sie da waren und einem auf die Zunge pulsen wollten und dir sagen und jetzt, doch jetzt muss ich doch fort und meinen Koffer packen.

Ich packte also meinen Koffer mit einem Hut und einem Hutband und einer kleinen Zimmerpalme und deinem Versprechen nachzukommen und der Erinnerung an einen Kuss und Minzlippen, die ihn küssten und viel Luftvolumen in deinen Schweigeminuten und Herztöne, die man durchs Telefon kaum wahrnahm und doch eingestehen musste, dass sie da waren und einem auf die Zunge pulsen wollten und dir sagen und jetzt, doch jetzt muss ich doch fort und

meinen Koffer packen und dir erzählen, dass ich warte und
ich damals meinen Koffer packte mit einem Hut und einem
Hutband und einer kleinen Zimmerpalme und deinem
Versprechen nachzukommen und der Erinnerung an einen
Kuss und Minzlippen, die ihn küssten und viel Luftvolumen
in deinen Schweigeminuten und Herztöne, die man durchs
Telefon kaum wahrnahm und doch eingestehen musste,
dass sie da waren und einem auf die Zunge pulsen wollten
und dir sagen und jetzt, doch jetzt muss ich doch fort und
meinen Koffer packen und dir erzählen, dass ich warte und
mich doch eigentlich ganz gut an alles erinnere.

Kleines Lied vom Wenn
Wenn ich groß bin, bin ich groß
Wenn ich klug bin, bin ich klug
Wenn ich reich bin, bin ich reich
Wenn ich dich find, find ich dich
Wenn ich alt werd, werd ich alt
Wenn ich tot bin, bin ich tot.

Du musst dich wesentlich mehr zusammenreißen, um so alt
zu werden
Wie du
Ja, ich brauche dich, um älter zu werden, also reiß dich
zusammen

Wie du dich

Ganz recht, wie ich mich

Aber all dein Erinnern … ich fasse gar nicht, dass du mir
wirklich passierst

Doch, doch. Ich komme. Mit jedem Tag, den Wimpern,
den Haaren, die dir fehlen.

Wie halte ich das aus?

Du atmest immer weiter.

Kommt auch noch mal ein Mann, ein Abenteuer, eine Reise?

Es kommen Männer, dunkle und helle, ein roter mit einem
ganz anderen Lebensentwurf.
Es kommen Abenteuer. Du springst mit meinem Körper
einmal von einer Klippe, um dich zu finden. Dann fällst
du von einer Leiter und der Arzt, der dich behandelt ist der
Bruder einer Freundin, die du lange nicht mehr gesehen
hast. Diese Freundin wird dich küssen und dir sagen, dass
du alles warst. Einmal.
Kinder kriegst du keine.

Ich kriege viele Kinder, ich möchte viele Kinder. Ich möchte ein Kind. Ich werde viele Kinder haben. Kinder? Ich? Ein halbes!

Es gibt kein halbes Kind, sei nicht albern. Es gibt aber zu den Sichtbaren die Unsichtbaren. Und davon kannst du viele haben.

Hätt' ich das eine behalten …

Jetzt sei aber nicht albern. Wie hätte das gehen sollen? Ein Kind, das braucht Vater und Mutter und einen Hund und ein Haus. Sonst ist es nicht als Kind zu erkennen.

Ich wünsch mir einen Koffer, den ich packe mit allem, was mir nach und nach begegnet.

Ja, und dann sitzt du da auf gepackten Koffern und wenn das Haus bestellt ist, kommt der Tod.

Noch bin ich jung und elastisch. Der Tod kommt nur, wenn man ihn heranstarrt, wetten.

Wetten nicht?
Ich hab ihn nicht herangestarrt und doch lugte er aus dem Spiegel, als der Arzt sagte:
Brustkrebs. Ich dachte nur: Krebs. Das ist es endlich.

Die große Wahrheit.

Leider keine schöne, praktische. Alles so verwirrend.

Aber Gottlob keine Depression. Eher ein stiller Kampf.

Im Schatten boxen, so sah es aus, was ich tat.

Und einem jungen Komponisten erzählte ich davon, dass ich keine Brust hätte, die er würde berühren können in unserer gemeinsamen Nacht und ich sah ihm lange nach, als er davonging ohne Rührung, prompt. Wie von einem mächtigen Seil von mir fortgezogen.

Wie sitzt du jetzt da?

Du meinst ich

Ja, wie sitze ich jetzt da?

Also ich

Also ich

Also ich

ich bin angekommen am Ende. Wie eine Amazone, einbusig, um meinen Bogen besser spannen zu können.

Was jagst du?

Nichts mehr, aber was fort ist, bleibt dort.

Fort.

Bleibt fort. Ich verstehe. Soll ich mich fürchten?

Nein, nein.

Soll ich mich präparieren?

Nein, nein.

Was kann ich tun?

Atmen, solange du's tust: Ohne Lächeln kommt der Mensch

Ohne Lächeln geht er

Drei fliegende Minuten war er

froh.

Es bleibt festzustellen, dass

die Tage langsam wandern
es bleibt festzustellen, dass

ich an dich denk, wie an jeden andern

es bleibt festzustellen, dass

wir manchmal stehen bleiben

es bleibt festzustellen, dass

die Wetteinsätze ständig steigen

es bleibt festzustellen, dass

du müde bist und gehen solltest

es bleibt festzustellen, dass

du vor Stunden gehen wolltest

es bleibt festzustellen, dass

wir flüstern, um zu lügen

es bleibt festzustellen, dass

wir uns umeinander biegen
es bleibt festzustellen, dass

es bleibt festzustellen, dass
Bleibt festzustellen, dass

Lied von den Feststellungen
Es soll dann enden, wenn ich will
Es soll sich wenden, wie ich's brauch
(5 Mal wiederholt)

Das hier ist der Epilog
Die Rede vom Ende, vom Sinn:
Daran sterbe ich jetzt aber sicher

Sage ich zu meiner Ärztin
Die lächelt und sagt, ja sicher
Wenn Sie das wollen
Sie können aber auch weiterleben und
100 werden und sehen, wie Ihre Enkel
heiraten und Ihre Urenkel auf die Welt kommen
Aber nur, wenn Sie wollen
Und dann tippt sie so gegen die Spritze
So wie in den Filmen
Die Spritze zwischen den Fingern, in der Höhe
Und eine Flüssigkeit drin und in mir eine Kanüle
Und ich entscheide mich und ziehe mich an und vorher
Den Schlauch aus meinem Arm
So steh ich an der Ecke und warte auf den Bus,

Meine Kinder, die Enkel, ihre Hochzeiten, die Kinder
Der Enkel, mein 100stes Lebensjahr und ich bin erstmal
nicht 100
Sondern nur
Da.

Wilson Opera Monologue

There are things happening
Things happening
Constantly
Non-stop
Globally
Here
Call them incidents
Call them in-ci-dents
Incendiary
Dents in real time
Burnings

There are things happening
In the open
And hidden
And in between
The vagueness of these things and their decisiveness
Is fatal
All in the in-between

I-I have
I-I am
I-I see

This is me: a double, a helix, a separation of spheres

What an exercise
Take my hands
For example
For example
Take my hands
They are funny, when they are shaken
You shake them and it means peace

I shake them myself and it can mean
Disgust

My hands are flexible. They contain kindness
My kindness is flexible

Here are things happening
While I speak
I-I speak
I-I sit
I-I observe
I-I investigate
I-I deliberate

I-I wait

When waiting, a woman is funny
When shaken, the earth reacts
Breaks apart, breaths apart

Two, where there was one
This is atomic truth

When they shot at us from the hills
We ducked, we covered as we were told

In between and hidden and in the open
We died, bullets like words spit out from between sharp teeth

    I-I survived
    I-I suggest
    We put aside what makes us tremble to the bone
    I suggest we

    Talkfuckkissmakeupconfessstartbegindiemorebetter

    Sooner than later

LAUT!
Lesen!

tobias

ist tobias

war tobias

tobias gefallen aus luft

auf erde

ja klar

war tobias

noch alle wieso

ganz wieso

warum

wer fällt 13. stock

oh je ungück

kleine schwester spricht kein l

ungück, so ungück

heisst das bei der

der junge ist so wie

ein vvvvv

ein vvvvv

so ein tier

verstehe, sagt der mann von der polizei

der kein polizist ist, sondern ein

psych, psych

du weisst sch, sch, schon

vogel meintest du

ja, kleine schwester keine expertin

kleine schwester eben kleine schwester

warum also ist tobias

sie wissen schon

was weiß ich

na immerhin ihr junge

ihr bub von 13 jahren

die schule sagt, er sei gut, großartig, sanft

und und und diese unaussprechlichkeiten

sie wissen schon

der junge ist 13 gewesen und

sie wissen schon

schwu, schwu

die kleine schwester ist eine quelle

der weisheit, der kugheit

nein, der junge war sicher nicht

schwul so jung, so früh

in der schule

der schule sagen sie

was sagen sie da

dass er einen anderen jungen

was

einen anderen jungen geiebt hat

sagt sie wieder

so hinein normal ganz normal

für so einen jungen menschen

kleine schwester

wer 13 ist der liebt doch noch nicht

da ist doch das hirn, das herz

noch nicht in gänze

was

na

sie wissen schon

warum wird eigentlich immer nur darum

herum

weil eben

na

na

egal

wichtig ist tobias

so ein unglück

ungück, ja

wenn ein 13-jähriger junge

zum vogel wird

haben alle anderen versagt

weil man bis dahin

nicht aufgezeigt hat

welche

aternativen

ja, sehr richtig

wer ständig sagt, das leben

ist ein trauerspiel, dunkelkammer

der darf sich nicht wundern

wundern

da steckt wunde drin

tobias gefallen aus uft

das war wunder

war traurigster tag
aller traurigen tage
ohne aternativen
wir alle
gerade eben so
haben ihn
überebt

Kinderverwirrbuch

Eines Tages, ich wollte Dünger kaufen, stellte sie mir eine Frage. Fast scheu formulierte sie, leicht lispelnd: «Findest du mich zu gelb?». Ich war wie vom Donner gerührt. Zu gelb? Nein! «Nein», antwortete ich. «Niemals! Zu gelb sind höchstens Sonnenblumen oder die Mitte von Spiegeleiern manchmal oder Gelbmaisen oder überhaupt Mais oder auch Gelbnasentiger. Natürlich würde ich auch nie einem Hund über den Weg trauen, der gelbe Hosen – solche mit einem Reißverschluss! – trägt. Nie, nie, niemals! Aber du zu gelb? Nein, niemals.» Sie lächelte mich glücklich an, ich stellte sie zurück und bedankte mich für das Gespräch. Sie sprach nur alle 1002304 Jahre mit einem Menschen (so stand es auf dem Schild vor ihr) und ich konnte ihr doch schlecht *kein* Kompliment machen. Man muss die Gelegenheiten schon auch zu nutzen wissen. Wär' ich ehrlich gewesen, hätt' ich ihr gesagt, dass sie längst nicht mehr ganz gelb war, sondern eigentlich schon ziemlich orange, aber hey, dann hätte sie mir vielleicht auch nicht mit einer kecken Bewegung ihres Kopfes gezeigt, wo der Dünger steht.

Hallo? Hallo! Siehst du mich? Hier! Hiiier! Schau doch! Hiiier hin. Jaaa. Das bin ich – oder besser: die bin ich. Die Schöne. Ich habe die Haare gelegt bekommen. War mühevoll. Eigentlich hab ich nämlich keine. Das kommt, weil mich jemand verzaubert hat. Glaubste nicht? Doch! In echt! Ist wirklich, echt wahr. Ist schon eine Weile her, weiß gar nicht mehr genau wann. Eigentlich auch nicht wichtig. Seitdem aber schau ich dich an. Du bist meistens hinter einer Scheibe und schaust herein. Findest mich wohl auch schön? Bin ich ja auch. Gibt's nichts zu leugnen. Ob mit Haaren oder ohne: Ich mache was her! Ein paar der Mädels hier sind ganz schön eingebildet. Zum Glück bin ich meistens mit mir selbst beschäftigt, sonst käm' ich vielleicht auch auf schräge Gedanken. Ein freundlicher Mann wohnt übrigens auch hier. Der legt uns die Haare, frisiert uns und bindet den faltigen Hälsen bunte Tücher um. Haha! Seit ich hier bin, hab ich keine einzige Falte gekriegt. Mir bricht auch nicht mehr der Schweiß aus, wenn die Lampen heiß brennen. Irgendwie ist alles total nett hier. Manchmal weint eine von denen, die meine Haare aufgesetzt bekommt. Dann lächle ich ganz besonders aufmunternd und will sagen: «Hey, Puppe, ob mit Haaren oder ohne – nimm's nicht so schwer!» Nur leider komm' ich über das Lächeln nicht hinaus und meine Lippen wollen sich nicht öffnen. – Solang du nicht verzaubert bist, Mädchen, sei nett zu den anderen und lächle dir viel öfter im Spiegel zu! Das tut der Seele gut und macht die schönsten aller Falten!

Zugegeben. Immer ein bisschen zu aufdringlich. Laut eben. Schrill. Mama sagt: nervig. Walter gähnt immer ganz schön laut, ja hemmungslos. Ich finde das eigentlich toll. Mama sagt immer: Man muss sich zurückhalten können, muss die anderen ausreden lassen, nicht immer dazwischenreden, wenn sie sich unterhalten. Wie sie aber mal selbst was Wichtiges zu sagen hat – meistens so Sachen, die ich dann nur immer in Einzelwörtern verstehe – dann wartet sie natürlich nicht. Walter ist anders. Der kann das mit dem Zuhören ganz gut. Also in der Regel. Und wenn ihn etwas sehr langweilt, dann zuckt ihm erst ein bisschen der Bauch, hernach bebt sein Zwerchfell (er nennt es so, weil «mindestens drei Zwerche» darin wohnen!). Ich weiß schon, dass es eigentlich Zwergfell heisst. (Hab ich vom Zuhören gelernt.) Die Langeweile schüttelt Walter dann ganz heftig und er erlaubt seiner Zunge, sich in ganzer Länge auszurollen. Das ist ein Schauspiel! Er reißt sein Maul auf, die Zunge legt sich aus wie ein roter Teppich und aus seinem Schlund hört man ein langes AAAAAAAAaaaaaaaaaaahhhhhhhh! Da weiß man dann, was Sache ist: Walter will schlafen, na ja und er will, dass du die Klappe hältst … Mama.

Kindergeschichte

Du kennst den Hund. Er ist mittelbraun, mittelgross und sehr hungrig. Das ist der Hund. Du kennst die Katze. Sie ist grau, schmal und schlau. Das ist die Katze.

Du kennst den Esel. Er ist etwas verwirrt und ruft statt I-A meistens I WO. Das ist der Esel. Du kennst den Hahn. Er ist oft mürrisch, hat aber ein gutes, kameradschaftliches Herz und spielt gerne Skat. Das ist der Hahn. Alle vier sind berühmt, lassen das mit dem Ruhm aber gar nicht so sehr an sich heran. Meistens stehen sie aufeinander. Also der Hahn auf dem Esel, dann der Hund auf der Katze. Nein! Ganz falsch. Tut mir leid. Natürlich stehen sie wie folgt: unten der Esel. Der bildet das Fundament. Auf seinem Rücken steht der Hund und versucht nicht ständig ans Essen zu denken. Dann springt die Katze leichtfüßig und behände auf den Rücken des Hundes, den sie insgeheim mag, was sie aber – um Himmels willen! – niemals zugeben würde. Wo kämen wir da hin?

Ganz zuoberst flattert der Hahn auf die Tierpyramide. Er krallt sich nur ganz leicht in das Fell der Katze, sonst würde die ihn fressen. Die hat da wenig Sympathie.

So stehen die vier und sind berühmt. Berühmt wird man ja nur, wenn einer sagt: Du bist so gut, das wollen sicher auch alle anderen gerne erfahren. Und so war das mit den vier Tieren auch. Einzeln wollte keiner mehr etwas von ihnen wissen, aber als sie sich zu einer Formation geschlossen hatten, da rollte der Rubel, es blitzten die Kameras und Verträge wurden unterschrieben. Nicht von den Tieren direkt. Die konnten weder lesen noch schreiben. Sie alle waren an ein und demselben Bauernhof aufgewachsen und hatten dort ihre Leben verbracht. Der Bauer brauchte sie, jeden auf seine Weise. Die Katze jagte die Mäuse und wärmte das Bett, wenn die Bäuerin mal wieder schlechte Laune vom vielen kalten Wetter hatte. Der Hund bellte manchmal, wenn es brenzlig wurde und Fremde durch das Dorf zogen, die vor lauter Hunger auf den Feldern nach Rüben gruben mit ihren eigenen Händen. Eigentlich bellte der Hund, weil er solidarisch sein wollte mit denen, die solchen Hunger hatten. Er ist nämlich nicht nur mittelbraun und mittelgross, sondern auch recht weise, der Hund. Der Bauer war einfach nur froh, dass er bellte, damit er seine Rüben schützen konnte. Der Esel konnte Lasten ziehen, wenn er wollte. Er konnte aber auch stur sein. Na ja, stur ist das falsche Wort. Er war eher und wie erwähnt verwirrt. Manchmal fand er sich eingeschirrt, mit einer Last an den Rücken gehängt und, als wäre er gerade erst aus einem Traum erwacht, wurde er vom Bauern angeherrscht, er solle jetzt endlich den Karren ziehen oder das Paket auf dem Rücken zur Station tragen. Da erwachte er so unsanft, wurde so unsicher, dass er gar nichts mehr tat, starr stehenblieb. Aus lauter Angst und Wirre. Irgendwie, auch wenn es lästig war und die

Abläufe auf seinem Hof gehörig durcheinander brachte, imponierte das dem Bauern. Der sah sich auch gerne als beharrlichen, trotzigen Mann, der seiner Frau nicht nach der Pfeife tanzen wollte, wie die anderen Tölpel im Dorf. Dass er einen verwirrten Esel hatte, der liebend gerne bei jedem Schritt einfach gewusst hätte, wo etwas hinzutransportieren wäre, fiel ihm im Leben nicht ein. So verstehen die Menschen die Tiere laufend falsch. Umgekehrt ist es aber genauso. Der Hahn war für den Bauern wichtig, weil er Farbe ins Leben auf dem Hof brachte und weil er der Wecker war. Ohne den Hahn schien die Sonne nicht aufzugehen, der Hof nicht zu erwachen, die Bäuerin nicht an den Kühlschrank zu schlurfen, der Bauer nicht glücklich werden zu können. Der Hahn war wichtig. Nebenbei stellte er auch seinen paar Hennen nach, die ihm dann ganz verliebt ein Ei legten, das dann aber wie magisch verschwand und dessen Schalen man im Kompost fand, wenn das Frühstück der Bauern vorbei oder am Sonntag ein Kuchen aus der Küche duftete. Alle Tiere hatten ihren Platz, alles hatte seine Ordnung. Keine Beschwerden. Bis eines Tages der Hahn aus irgendeinem seltsamen Grund verschlief, die Katze sich an einer Maus verschluckte, der Esel, statt stehenzubleiben losrannte wie von der Tarantel gestochen und der Hund sich streicheln ließ von einem Fremden, der ihm eine vergiftete Wurst fütterte, was den Hund todsterbenskrank werden liess, aber vor allem still. Der Bauer erkannte seinen Hof nicht wieder. Überall rannten Mäuse umher, die sogar vor der Katze Purzelbäume schlugen. So sicher fühlten sie sich.

Fremde liefen bis vor die Haustür des Bauern, um etwas zu Essen von ihm zu erbetteln. Ihre abgemagerten Gesichter ängstigten die Bäuerin, die in ihrem Bett fror, das die Katze nicht mehr wärmte, weil sie zur Strafe für das Nicht-Mäuse-Fangen im Stroh schlafen musste. Irgendwie kam keiner in die Gänge, wenn der Hahn nicht den Tag einkrähte. Alles war kopfüber verkehrt, der Bauer wütend. In seiner Wut scheuchte er die Tiere vom Hof. Den Hund, die Katze, den Hahn und den Esel, der sowieso nur noch als kleiner Punkt am Horizont zu sehen war. Kommt ja nicht wieder! Rief er ihnen hinterher. Er sollte sie erst einen Monat später im Fernsehen wiedersehen, wo sie mittlerweile Favoriten für den Grand Prix de la Euro Chanson waren. An diesem gemütlichen Abend war der Bauer insgeheim stolz, brummte dennoch demonstrativ vor sich her, die Bäuerin aber wütend, ja empört. Der Hof außen lag ganz ruhig in der Nacht. Die Kürbisse wuchsen heimlich. So kennt man die Kürbisse.

Wie soll ich das beschreiben?

Ich könnte sagen: Ein Wort, das ist ein Igel.
Ein Igel in der Hecke, der eine Rolle macht,
die Stacheln außen zeigt, den weichen Bauch
versteckt.

Ich könnte sagen: Ein Wort, das ist ein kleines Boot.
Ein Boot im See, das treibt im Wind,
sein Segel blähen lässt, den ganzen Sommer lang
im Abenteuer schwebt.

Ich könnte sagen: Ein Wort, das bist auch du.
Du bist ein Wort, der Klang dahinter,
bist Überraschung und Verwirrung für die,
die deinen Namen sprechen.
Du Kind, du Mädchen, Junge, kleine Welt,
du Universum miniature.

Kleine Formel

Willst du einen Text erschaffen,
dann erfülle sieben Sachen:

Such ein Thema, grell und bunt
oder traurig, dunkel, wund

Ruf herbei die Wortgedanken:
Mama, Papa, Teddy, Toaster,
Lampen, die an Seilen schwanken

Schreib auf, was dich dann bewegt,
wenn die Sonne auf-
wenn die Sonne unter-
wenn die Sonne übergeht

Lies dir alles mäuschenstill
Lies dir alles bärenlaut
Lies dann deinem besten Freund
Das Text-Ergebnis in sein Ohr,
so mittelstill, so mittellaut,
und zum Üben ständig:
Lies es vor, lies es vor, lies es vor!

Üb' es am Gemüsemann,
an der Gärtnerin und an der Frau, die Locken dreht,

sag es deinem Lehrer auf – wenn du aussetzt beim
Viel-Meter-Lauf. Trag den Text auf deinen Lippen
und beginne ihn zu wippen, mit den Füßen anzutippen.

Das ist mutig!
Das gefällt!
Das ist fast schon große Welt!

So ermutigt und bestärkt,
kannst du sagen:
Ich bin Dichter.

Und ist es einmal ausgesprochen
sind Mamas, Papas, Omas, Opas,
Tantes, Onkels, Bruders, Schwesters,
aber ganz vor allen deine
Augen nicht mehr Augen

sondern

Lichter.

LAUT! Lesen!

Krach
Peng
Quatsch
Applaus

Hallo
Hello
Aus die
Maus

Boing
Peng
Glibber
So

Hab
Ich dich
Hast du
Nen Floh

Gib ihn her
Er will zu
Mir
Ach, nicht wahr!

Komm, hol ihn dir!
Eins, zwei
Milchgrießbrei
Sojaschnitzel
Keksdreivier

Willst du
Kitzeln,
Willst du
Bier?

Bier, sagst du?
Bist du bekloppt?
Puffreisscheibe
Dinkelschoko
Dingsbums

Stop!

Und again:
Krach
Peng
Quatsch
Applaus

Hallo
Hallo

Raus bist du bin ich
Padaus!

Heimat

Wo's juckt
Wo alle hinsehen
Wo ich herkomm
Wo ich so heiß, dass jeder weiß, wo ich herkomm

Wo sie mich lynchen
Wo sie mich tränken
Wo sie den Stein vor mein Grab wälzen
Wo ich aufersteh

Wo sie mich herzen
Wo ich sie schmerze
Wo ich dem Mädchennamen meiner Mama ähnlich seh
Wo der Papa auftauchte

Wo die beiden sich fanden
Wo ich auf der Brandsupp'n dahergschwomma bi
Wo die Leute wissen, was das heißt
Wo's spukt

Da leb ich nimmer
Und bin doch immer da
Auch wenn jetzt Prenzlberg und Astrabier
In Händen schmelzen

Wo wir alle euch sehen
Wo ihr leben werdet
Wo ihr sichtbar seid, auch als Katzen, grau
Wo die Musik Kopfnicken
Aber auch Kopfweh macht

«Jedermann erfindet sich früher oder später eine Geschichte, die er für sein Leben hält.»
(Max Frisch, Mein Name sei Gantenbein)

Jedermann

Jeder Mann

Jeder

Erfindet Autos, Flugzeuge, Lieblingsbiersorten für andere

Oder sich

Erfindet sich

Erfindet etwas für sich

Erfindet für sich eine Geschichte

Jeder Mann erfindet für sich

Jedermann erfindet sich

Oder später

Oder früher

Oder?

Jeder Mann, oder?

Oder die Frauen. Erfindet die Frauen?

Erfinden sich die Frauen?

Pssst!

Es ist Zeit für eine Geschichte.

Frisch, ans Werk!

Es ist Zeit. Früher.

Später-Zeit.

Für eine Geschichte.

Ruhe. An dieser Stelle muss Stiller einsetzen.

Jetzt!

Damit die Geschichte gut wirken kann.

Jedermann erfindet sich

Jedermann erfindet sich eine Geschichte

Früher oder später tut er das.

Und warum?

Weil er sich ernsthaft wird fragen lassen müssen

Also ganz im Ernst

Wo und für wen und seit wann

Das kennen wir

Wir Autoren kennen das

Er schreibt bevorzugt über das Reisen und den Sport

Jedermann kennt eine erfundene Geschichte

Über einen Sieg oder eine Niederlage

Die erklären die Welt

Da kann man sagen: Das ist das Leben!

Und nichts anderes. Keine Wahrheit kommt da so nah

Wie die zarten Finger der Erfindung

Max, Tinte können Sie jederzeit nachfüllen lassen!

Diese Zeilen fließen und

Ich höre, jedermann erfindet sich und sich in einer Geschichte, und glaubt dann

Dass es ein und dasselbe wäre

In einer Geschichte *sein* und *in* einer Geschichte sein

So denken Männer und Frauen

Jedermann denkt so

Dass alle Zeilen einen zusammensetzen

In einem Kopf und in vielen Köpfen und

Dass Tinte so ewig fließt und es nur auf das Fließen ankommt

Dabei ist es die Geschichte

Eine, die man für sich erfindet

Die einen zu einem selbst erklärt vor der Welt

Ich bin Jedermann

Ich bin Niemand

Ich Tarzan

Du – hast so zarte Finger der Erinnerung

Die lassen sicher ein paar Zeilen fließen, die mir dann

Erzählen, was mein Leben war

Jedermann erfindet sich früher oder später eine Geschichte,
die er für sein Leben hält.

Es ist also ganz normal, so zu tun, als wäre da einfach
etwas mehr.

In jeder Geschichte ist etwas mehr, wenn es eine gute
Geschichte ist.

Sagen Sie, ist eine Geschichte früher oder später eine Erklärung
Für irgendetwas?

Für jedermann gilt: Es gilt eine Geschichte früher oder
später.

Man muss sie sich erfinden und sie muss einem das Leben sein.

Und man muss genug Tinte im Füller haben,
damit man sie weiter erfinden kann. Immer weiter.

Und glauben von Anfang an.

Sie öffneten den Mund sehr weit

Und es kamen heraus:
Babys, denen man die Stirn bekreuzigte.
Windräder, die laut im Garten des Nachbarn surrten,
Goldenen Wind zu spinnen.
Reformen, Reformen, Refrains,
Meine Mutter, die entstieg dem Rachen.
Sie machte ein ratloses «tztztz»
Und überlegte, wohin mit der Türkei.
Einen langen Schal zog sie hinter sich her,
Telefonkabel, Abhöranlagen und einen alten Mann
Mit dem Namen eines Tycoons.
Laute Echos, die mir von Chancen
Ob meiner Jugend
Ob meiner Leistungskraft
    – wie wenig sie doch von mir wussten dort unten –
Vieles versprachen.
Dichter flogen aus dem Schlund,
Wie immer unerschütterlich, dem Licht entgegen.
Taler entrollten den Kiefern und klingelten
Gen Norden, Osten,
Olivensüden, HotDogWesten.
Mein toter Großvater kam dieser Tage
Aus der Röhre gekrochen, die Säure setze ihm zu.
Es sei ihm zu gallig dort unten.
Sie hätten ihm gesagt, die Gräber der Alten,

Die lehrten Respekt, das Rechts sei vom Links
Kaum zu scheiden.
Und bald karpfte ich nach und redete Stuss,
Begann selbst, den Mund weit zu öffnen.

Der 10. Mann

Eines Tages und du bist nur einer
Eines weiteren Tages und sie stehen bei dir im Hof
Später und es ist kalt, die Fenster tragen Blüten in den Scheiben
Später, da kommt der Winter, das Fell der Pferde weiß vom Frost
Und deine Zehen, der kleine Finger, die Ohrläppchen sie
bleiben im Schnee
Während die Mütter die Pelze abliefern für die Söhne,
die Männer

Und die Revuetänzerinnen strecken die Beine unbeklatscht.
Kann man nicht klatschen mit einer Hand an nur einem Arm.

So müde kann nur einer sein: der Soldat, der im Sommer
Babi Yar sprengte.
Vergibt der 1., der 2., der 3., der 4., der 5., der 6., der 7.,
der 8., der 9. Mensch,
wenn der 10. inmitten der Aufgezählten erschossen wurde?

Ich weiß es nicht.

«Voilà! Es passiert etwas.»

Modern

Einen Baum pflanzen
Auf ihm ein Haus bauen
Da rein ein Kind setzen
Das Kind zweisprachig
Anschreien

La Lanterna. Genua speculativa

Henny, Sie, Henry

*Henny hat ein Schreibstipendium und ist in Genua. Ihr älterer
Freund Heinrich, genannt Henry, reist und lehrt in den USA.
Er forscht über Genua. Beide schreiben sich lange E-Mails.
Henry telefoniert im Zusammenhang mit seiner Forschung (man
liest sich Heinrich Heines «Reise von München nach Genua» vor)
mit einer Anderen. Noch während sie sprechen, schickt Henny
eine SMS, die Heinrich zu ihr aufbrechen lässt. Henny sieht sich
(wieder einmal) mit der Unmöglichkeit konfrontiert zu schreiben,
wenn sie nicht einsam ist und versucht als Konsequenz, Orte zu
tauschen.*

Lieber Henry. Aus Genua grüße ich dich recht herzlich. Ich
sehe nicht auf den Hafen, weil Henny zu «cheap» war, ein
teureres Hotel zu bestellen. Manchmal ist sie eine ganz un-
mögliche Person. Aber ich höre den Hafen, weil ich die Wel-
len höre und mir den Hafen dort denke, wo ich das Wasser
rieche.
Die Schweizer sagen «schmöck-chen» und dieses Schmecken
heißt riechen. Ist aber vielmehr ein pan-ol-faktorisches Er-
lebnis. Findest du nicht, dass das ein herrlicher Begriff ist?
Ganz herrlich!

Ich ahne also mit all meinen Sinnen den Hafen. Und die hässlichen Tauben vor meinem Fenster sind riesig und gar keine Tauben, sondern Möwen. Aber genauso schrecklich.

Und die Sprache in den Gassen, das ist ligurisches Italienisch und so alt, dass es direkt aus dem Lateinischen der Römer geschlüpft sein muss. Und zwischen den Maschen der Netze der Fischer hindurch. Diese Schreibmaschine macht mich wahnsinnig. Mein PC ist in der Reparatur, mal sehen, wann ich dir wieder wie im 21. Jahrhundert begegnen kann.

Die Sprache, eine Rundung. Die Wörter wie Murmeln im Mundraum schaukeln, versetzt mit Lauten, die eine Abschmirgelung der Silben, nahe am Gesang, immer nah am Ausgleiten zum Gesang, halten.

Zählen wir einer Zukunft entgegen, von einer Vergangenheit ab. Gibt es eine objektive Zahl für die Tage des Lebens? Warum sind Sie ausgerechnet hier Friseur geworden?

Weil ich mich für einen Retter halte. Ja, gerade hier.
Keine Liebe an einem Ort zu kennen, …

Ihre Zerfleischungen, Uneinigkeiten, Lüste, Verhandlungen, Worte zu sprechen, zu leiden, zu erleben, lässt einen leichten Herzens reisen und doch niemals ankommen.

Männliche Stimme (Henry):

Dein Brief ist großartig. Ganz großartig. Keiner schreibt mehr Briefe, Henny. Du und Karl Lagerfeld. Gerade großes Art-Interview mit Bruce LaBruce. Kennst du den, Henny? Was tust du in Genua? Geh für mich mal zum Leuchtturm und bete zum Heiligen Georg, ja? Ich lese, das tut man dort. Schreibst du, liest du, liebst du einen Genuaner, Genuesen, Genuanesen? Warum liebst du nicht mich, Henny? Ach, aber dafür müsstest du ja bei mir sein. Liebe verlangt Gesellschaft. Aber deine absence makes my heart grow fonder, Süße. Henny, lieb mich doch vor Ort, ein bisschen. Du schreibst, dass du Fotos machst. Und dir alles aufschreibst. Der Alte an diesem Ende der langen Leitung lobt dich und trägt dir auf: mehr und immer noch mehr aufzuschreiben. Und die Fotos? Die nutze als Gedächtniskarteikarten, Henny. Für nichts weiter. Ein Bild hat gegenüber dem Wort nichts zu beschreiben.

Das Licht, nicht wie im Norden ein Anstrich, hier eine Einfettung mit Hitze und ein Licht, das damit Aureolen auf die Haare malt. Ich sehe schöne Männer, schöne Frauen und alle sind sie Heilige. Na, Eilige aber sicher.

Der Süden klingt immer nach Sehnsucht. Das Wasser immer nach Süden. Von jedem Punkt auf der Welt ist Süden möglich. Wo eigentlich stehe ich?

In einem Ort niemals ankommen, ist wie am selben Ort ein Leben lang gelebt zu haben. Nie sieht man, was vor Augen liegt. Nicht wirklich.

In einem Hotel für Einsame klingeln Männer bei schönen Frauen, wenn deren Herzen rot in den Fenstern glühen.
Was ich höre, sind Schritte um Schritte. Und Einsamkeitsumgehungen und die geflüsterten Telefongespräche: Einsamkeitsbeschreibungen.

Das Schütteln der Netze, das Aufeinanderschlagen der Holzplanken, die die Netze eingesperrt halten, ist ein Morgenritual, ein Abendritual. Die Geier des Meeres sind die Möwen und die Frauen der Seemänner die Robben, die Muscheln, die Monster.

Solo Frauenstimme:
Du, ich lebe mittlerweile in einem Haus am Meer. Ich bin sozusagen … graduiert. Von meinem meer-fernen Zimmer in der Via Sapri bin ich jetzt – tada! – in Hafensicht gerückt und ich kann dir sagen, dass es meine Welt verändert. Die riesigen Schiffe, die einfahren und Menschen, Güter, Hoffnungen in Containern und Kabinen verladen, sind für mich wie Boten aus der Apokalypse, sind wie Zeichen einer monströsen Welt weit draußen, während ich hier sehr beschaulich lebe. Meine Mutter wurde als Kind einmal in Genua vergessen. Diese Geschichte ist mir wie eingebrannt. Sie hat sie oft erzählt.

Sie sollte stehen und warten, während ihre Mutter am Bus-
bahnhof zur Toilette ging, aber kurz nach dem Krieg, den sie
als kleines Mädchen erlebt hatte, war die Angst zu groß an
einem fremden Ort von der Mutter getrennt zu werden.

So stelle ich mir das Alleinsein vor, so kenne ich es: nicht in
Stille, aber in fremder Sprache.

Die Frauen in den Häfen singen.
Die Kinderlieder sind von Männern in Frauenmünder gelegt
worden.
Vor Ur-Zeiten.
Auf den Märkten reden die Männer die Sprache der Fische.
Die Versteigerungen der Netzgefangenen sind Morgenrituale,
Abendrituale.
Wohin ist die Zeit? Jetzt, da wir sie befragen können und sie
vor uns liegt, flüstern wir.
Warum ist das so?

Boule. Boule ist ein Spiel. Ist ein Leben. Ist ein Spiel. Ist ein
Lied der Kugeln, der Elemente. Ist der Kosmos. Ist Boule der
Kosmos, will ich Gott sehen, der auf einem Bouleplatz steht
und auf das Lied hört.
Hört Gott das Lied?

Sotto Voce, vino, lo, lebensnahe Stimmen. Genua ist voller

Klang. Intimste Klangzeugnisse. Attenzione! Lalallalalalla-laaaaaa.

Wo die Glocken übergangslos, nahtlos in einen Stundenvorrat greifen, wo das erste und das allerletzte am Tag C-D-G ist.

Das Maschinelle ist das Atemholen der Welt. Das Atemholen der Welt ist das Beben der Maschinen, das Kreischen, das Hydraulische, das Pressen, das Pumpen, das Weben, das Drehen, das Punktieren, das Schablonieren. Wenn die Maschine atmet, pulst das Öl.
I sing the body electric. Auch Manhattan liegt am Meer.
Alles, was einen Herzschlag hat, schlägt ein Herz.

Solo Männerstimme:
Henny, aus New York schreibt dir der Alte, der dich verehrt. Roll jetzt nicht mit deinen Kuhaugen. Ich forsche in der Public Library, kartographische Abteilung, und bin dir näher, als du denkst, weil ich Genuas Karten aus dem 17. Jahrhundert studiere. Allerdings war da eher Mittelmeer und Menschen, nicht so eine Hafenanlage, wie sie dich das Fürchten lehrt ...
Von Levante bis Ponente ist der Hafen heute eine Tatsache. Das war vorher ein Traum. Etwas Nebulöses.
Denkst du manchmal noch an mich? Und folgst du meinem (ironisch:) Altvorderen-Rat, die Fotos, die du machst, auch ja zu beschriften? Manchmal sehen wir und vergessen, was wir gesehen haben. Da helfen Fotos ohne Beschriftungen dem

Gehirn auch nicht. Ich sehe auf den Hudson und ahne den Atlantik. Du bist mein Fröschlein am Mittelmeer.

Ich möchte dich zärtlichst bitten, deinen Finger aus dem Ring zu führen und dich zu entloben.

Nur der Teufel geht, wo alle es sehen. Engel sieht man ja nie.

Solo Frauenstimme:
Manchmal stehe ich am Bahnhof, an irgendeinem, meistens neben dem blinden Mundharmonikaspieler und warte auf dich. Das ist ein Unterfangen, das mir deine ganze Verachtung beschert. Das weiß ich. Du wartest per se nie da, wo ich auch nur sein könnte. Ich halte diese Aktionen deshalb geheim vor dir. Und tue, als würdest du ankommen, egal wo. Ich feiere ein Fest mit dem Blinden und lasse mein ganzes Geld in seiner Schale. 4 Euro, 42 Cent. Der Blinde sieht das genau. Und ich sehe dich, wie du gerade da wartest, wo ich nicht bin. Nie sein werde.

Wenn ich ein Hafen wäre, wäre ich ein Schiff, wäre ich ein Haus, wäre ich ein Garten, wäre ich ein Baum, wäre ich ein Blatt, wäre ich ein Warten, wäre ich ein Taumeln, wäre ich das Weinen, wäre ich ein Herz. Wenn ich ein Hafen wäre, würde ich dich anschreien und dir Kinder anhängen. Drei oder so von einem anderen Haus. Wenn ich ein Schiff wäre, würde ich dich zu mir zwingen über alle Wasser. Wenn ich ein Haus wäre, würde ich die Hypotheken auf dich drücken lassen, schwer und unerbittlich, da nützte dir kein Garten etwas. Wäre ich ein Baum, so würde ich auf dein Dach fallen und mit einem Blatt den Schlaf deines Kindes stören. Du müsstest warten und warten, bis ich käme, mich mit einer zärtlichen Hand bedienen, bis dir die Hand abfiele, du würdest taumeln und ich weinen, weil ja alles so festgesetzt steht in der Welt. Wäre ich ein Herz, ach, wäre ich ein Herz.

Sie (andere Stimme als Henny; liest aus Heines «Reise von München nach Genua»):
Unfern von Genua, auf der Spitze der Apenninen, sieht man das Meer, zwischen den grünen Gebirgsgipfeln kommt die blaue Flut zum Vorschein,

Er:
und Schiffe, die man hie und da erblickt, scheinen mit vollen Segeln über die Berge zu fahren. Hat man aber diesen Anblick zur Zeit der Dämmerung, wo die letzten Sonnenlichter mit den ersten Abendschatten ihr wunderliches Spiel beginnen, und alle Farben und Formen sich nebelhaft verweben:

Sie:
dann wird einem ordentlich märchenhaft zumute, der Wagen rasselt bergab, die schläfrig süßesten Bilder der Seele werden aufgerüttelt und nicken wieder ein, und es träumt

einem endlich, man sei in Genua.

Er:

Genua, Genua, Genua, Genua.

Sie:

Diese Stadt ist alt ohne Altertümlichkeit, eng ohne Traulich-
keit, und hässlich über alle Maßen.

Er:

Am Tag leide ich an der Enge. Sie ist wie die Biologie. Oder
ein Dorf. Die Enge ist wie ein Dorf, in dem ein Biologe wohnt,
der einen ständig daran erinnert, dass alles vergeht. Der größte
Biologe ist aber das Meer. Wo ein Meer ist, ist es ganz wie zum
Trotz unter den Menschen eng. Furchtbar aufeinander sind sie
da. Furchtbar gemeinsam. Grausam und effizient. Sie bauen in
die Höhe, damit alle das Meer sehen können, aber eng ist es
trotzdem und der Blick auf den Nächsten niemals weit.

Sie:

Schön, dass du mit mir Heine durch's Telefon liest. Aber das
Letzte war schon etwas frei gestaltet.

Er:

Wenn dein Laptop das Skypen verbietet, muss ich mir ein
bisschen Freiheit leisten dürfen.
Von der Seeseite, besonders gegen Abend, gewährt die Stadt

einen bessern Anblick. Da liegt sie am Meere, wie das gebleichte Skelett eines ausgeworfenen Riesentiers, dunkle Ameisen, die sich Genueser nennen, kriechen darin herum, die blauen Meereswellen bespülen es plätschernd wie ein Ammenlied, der Mond, das blasse Auge der Nacht, schaut mit Wehmut darauf hinab.

Sie:

Na na, nicht so dramatisch werden … obwohl: Hier zieht auch Heine an:

Die Sammlung von Porträts schöner Genueserinnen, die im Palast Durazzo gezeigt wird, darf ich nimmermehr unerwähnt lassen. Nichts auf der Welt kann unsre Seele trauriger stimmen, als solcher Anblick von Porträts schöner Frauen, die schon seit einigen Jahrhunderten tot sind.

(…) So geht alles Leben, das Schöne ebenso wie das Hässliche, spurlos vorüber, der Tod, der dürre Pedant, verschont die Rose ebenso wenig wie die Distel (…)

(Er unterbricht:)

Warte schnell, Entschuldigung, hab eine SMS bekommen:

36 Seemeilen weit sehe ich dich. Danach verliert sich die Spur deines Schiffes. Liebe Dich, Henny.

Sie:

Ist etwas? Red mit mir.

Er:

Henny liebt mich … ein bisschen. Sie schreibt mir vom Leuchtturm in Genua. Ich denke, ich lege jetzt auf.

Sie:

Aber …

Er:

Henny, ich komme zu dir, wenn du mich lässt. Ich nehme ein großes Schiff und entsteige seinem Bauche, wenn es Zeit ist und du an Land stehst, mich in Empfang zu nehmen.
Sag, ob du das möchtest. Ein verzweifeltes Übel will eine verwegene Arznei. Ich komme dir sogar mit Schiller, Henny. Ich will mit dir schlafen und sehen, wie es ist, an einem gemeinsamen Ort – nicht immer getrennt – zu leben. Ich komme also. In einem Walfischbauch angeglitten. Bitte sei da.

(Henny:)

Als du ankamst, war ich froh.

Der Hafen: stickig, Industriezeitalter, Stadt im Umbruch, Meeresrauschen, Verkehrslärm, enge Straßen, hohe Häuser, cantautore, mild, Mikroklima, außerdem: viele Hunde, nochmal stickig, Riesenschiffe!
In allem schön: du!

Ja, den Ring nehme ich wieder.

Hier soll Christoph Kolumbus geboren sein. Seit du hier bist, sehe ich mehr. Verstehe ich mehr. Und schreibe weniger.

In der Sehnsucht zu leben, ist das einzige Leben für einen, der schreibt.

Diese Feier über den Dächern. Via Garibaldi von oben. Riefe man einem zu, er müsste den Kopf weit in den Nacken legen. Henry, du bist mir vielleicht zu nah. Diese Feier hat etwas mit mir gemacht. Als du nicht hingesehen hast, habe ich mich vor aller anderen Augen … aufgelöst.

Er:
Ich bin mal wieder weggelaufen. Aber nur für zwei Wochen. Ich möchte auch mal mit dem Schiff fahren. Irgendeinem und deshalb bin ich auf und habe mich mitgenommen. Genua soll dir gehören! Willst du sie? Die schöne Genova, eine Hafenbraut? Deine Henny.

Henny:
Bin wie Yentl, wie Barbra Streisand auf der Schiffspassage. Und halte einen Ton beim Singen. Laaaaaaaaaaaaaaaaaaaaaaa aa ....

Genua spekuliert. Ja, wenn ich dort war, dann wie in einem Traum. Ein roher Traum mit mir als Schattenwesen.

Henry, ich in deinem New York, du in Genua. Nur noch ein paar Tage und ich …

ich komme nie mehr zurück.

Lieber Henry, aus New York grüße ich dich sehr herzlich! Wie ist sie, deine Seemannsgarnspinnerin? Findest du genug in ihr, das dich fesselt? Du bist mir sicher noch böse, gram, ganz ungeheuer Stirn-runzelnd. Ja? Es tut mir leid. Aber ich kann nicht schreiben, wenn ich bei dir bin. Es geht nicht. Seit ich hier bin, schreibe ich und bin ich etwas mehr ich … ach, all diese dummen Sätze. Ich bin einfach nicht für dich, was du für mich bist. Eine ferne Kalliope. Meine Mutter hat mir einen Rat gegeben, den ich dir aufschreiben möchte:
In Genua, stell dich ins Licht.
Und scheint kein Licht, suche immer einen Schatten. Du wirst dich sehen im Vorbeigehen in einer Scheibe und dich kennen bis zum Erkennen.
Zu all diesem fast Mystischen schreibt sie dann ganz typisch Mama: Dann frag nicht mich, frag deinen Vater, der hat dich mindestens zur Hälfte gemacht. Henry, die Tochter einer zynischen Liebenden ist ein Fall für die Couch. Aber das weißt du. Grüß mir die Porta Soprana, die Piazza Matteotti und summe alle Lieder mit, die du hörst. Das ist dein Auftrag. Ich bin weg. Trage deinen Ring, bis du ihn mir abnehmen kommst, damit wir neu verhandeln. Deine Henny.

Er:

Leben heißt träumen; weise sein heißt angenehm träumen.
Das ist von Schiller, Henny, für dich. Ich weiß nicht, was
sagen. Ich vermisse dich. In Genua. In meinem Kopf, dem
Bett, auf dem Stuhl beim Fenster. Ich war auf einer Feier und
habe eine andere geküsst, die nach dir roch. Daran darf nichts
falsch sein. Ich vermisse dich so. Ich gehe zum Leuchtturm.
36 Seemeilen weit fällt das Licht.

«Es ist alles eitel»
Hörstück aus Fragmenten, zusammengesetzt eine herrliche Tasse Tee

Es war einmal ein Haus. Nein. Es war einmal eine Familie darin. Nein. Es war einmal eine Anhöhe, nahe einem Fluss, den man kreuzen konnte. Ja, das ist besser. Jede Kreuzung des Flusses spülte Geld in die Kassen der Familie im erwähnten Haus. Das Haus war stattlich und groß und den neuesten Errungenschaften gegenüber offenen Auges: Man trank sogar Kakao! Man kleidete sich aufwändig, speiste gut, empfing Gäste aus der ganzen bekannten Welt, die langsam aber sicher eine Kugel war und Seefahrern und Abenteurern gehörte, Safran preisgab, Tee und Purpur. Es war einmal ein Haus und eine Familie und ein ganzer Ort und nicht eine Geschichte, sondern ihrer hunderte, die ineinander griffen, greifen und sich zersplittern, versprengen.

Komm, ich führ dich dahin, wo die Teller scheppern, die Gläser klirren, das Besteck silbert, wo die Mägde und Küchenmädchen schnattern und die Gänse keifen, wo der Koch brüllt und die Körbe knarzen, wo die Eier knirschen und die Ohrfeigen schallen, wenn's deine Schuld war, wo die schweren Wägen heranrollen mit Fässern und Tontöpfen, Amphoren und wo's klappert von Hufen, wo die großen Pferde wiehern und ihre Nüstern sich blähen und das Schnauben die Luft stoßweise einnebelt, wo die Näherinnen bei den

Wäscherinnen für ein Abstimmen über Farben und Garn Halt machen und dann die engen Treppen zu den hohen Gemächern hinaufsteigen. Beladen sind die Frauen mit Laken, immer neuen Stoffen, Tüchern, Decken. Die Herrschaften friert's. Die Näherinnen schwitzen beim Schleppen, denken an Kreuzstich, Faltung und Fall der Stoffe, ihre Aufgaben und Männer daheim. Bei der einen ist's arg, der stirbt der Mann am Fieber, das er von einem Fremden eingefangen hat. Hilft nichts. Die Mäuler müssen gestopft, die Socken geflickt werden.

Bei den Wäscherinnen bleiben wir einen Moment. Das ist hart. In eiskaltem Wasser oder heißem werden die Laken, die Tücher, die Schürzen eingeweicht und in tiefen Bottichen bewegt mit langen Holzstangen. Alles dampft und die Haut der Frauen beschlägt sich mit Schweiß und Wassertropfen, ihre Hemden sind geöffnet, die Haare zerzaust. Diese Arbeit ist hart, die Rücken ächzen. Wäscherinnen werden nicht alt. Was sie verdienen, ist kaum der Rede wert.

Wenn das wohl geborene Mädchen einmal heiratet – so wie alle Mädchen schließlich einmal heiraten – gibt es ein großes Fest. Alle Adligen von nah und fern kommen herbei und mit ihnen ihr Gesinde. Die Männer und Frauen, die die Kleider der feinen Gesellschaft stärken, ihre Betten schütteln, ihre Nachttöpfe leeren, die Pferde striegeln, die Säume einfassen, die Haare kämmen und hie und da zärtlich oder grausam sind. Mit einer Hochzeit kommen die Menschen ins Haus. Sie strömen herbei und füllen alles aus. Die Ställe dampfen, die Betten glühen, das Leben buchstabiert sich selbst. Das Mädchen. Ob es glücklich ist mit dem jungen Mann, den man für es ausgewählt hat? Der so viel Mitgift fordert, dass man meinen könnte, sie sei hässlich, was sie nicht ist. Der junge Mann, dessen linkes Auge immer ein bisschen schielt, wenn er müde wird. Diese beiden sind die Statisten dieser gigantischen Feier. Später einmal, wenn das Mädchen heiratet, das Nadelgeld festgelegt ist, die Verträge gemacht, alles unter Dach und Fach gebracht ist, damit der Hof, das Haus, die Familie den Bestand sichern kann.

Was die Amme singt: Die Teller, die Tassen, die Gläser, die Flaschen, die klirren, wenn draußen der Wind geht.

Dir geb ich's! Den Topf vom Herd heben wollen. Hat dich der Teufel geritten? Den Topf! Ausgerechnet den, den ich kaum anpacken kann, weil er so heiß wird wie die Hölle und schwer ist wie ein Ochs. Freundchen, du Lümmel! Geh dir die Hände kühlen und komm dann wieder her, 's gibt einen Spieß zu drehen! Glaubt man's?

Die Katze hat heute Abend ihren Platz am Herd eingebüsst. Das gefällt ihr nicht und doch spürt sie, dass die Mäuse mal wieder lernen müssen, wer die Pfeife spielt, nach der sie tanzen müssen.

Ich muss dich sehen, ich muss, vergeh ich sonst. Ich bitt dich, komm heraus in der Nacht. Ich steh am Bogen, da wo das Wasser fließt, du weißt. Knapp bei der Mauer. Ich hab dir eine Scherbe gefunden, sie ist grün wie deine Augen und das Licht bricht sich in ihr. Und ich vergeh, kommst du nicht heute Nacht. Und ich vergeh, sagst du nicht, dass ich dein bin und du die meine.

Der von Morrien, der ist ein Guter. Ja, auf den lass ich nichts kommen. Wer hier den Herren beleidigt, der wird gerichtet. Wie kann ein Reisender wie du ein Urteil über den Herren wagen. Der von Morrien ist seiner Frau, unserer Falckin, ergeben, hat einen großen Hof erweitert und lässt uns in Lohn und Brot. Mehr Politik interessiert nicht. Mehr hat nicht zu interessieren. So halten wir's. Und nun packt euch. Eure Fragen sind für uns Dornen.

Zwei Hackmesser, eine kleine Pfanne mit Füßen, ein Feuerherd, kleine Zangen, große Kellen, derer fünf, eine kalte Hand, verschiedene Bretter, kleine wie große, ein Klopfer für's Fleisch. Koch, wie steht's um das Zinn- und Eisenzeug?

Geh rasch her und stopf mir die Pfeife. Ist eine aus Ton, ganz neu und sie wird heiß. Seit der Engländer das Kraut gebracht hat und wir's von den Holländern beziehen, weiß ich, was Rausch ist. Mit dem Schmauchen, dem kurzen Lodern, dem Schwelen und Ziehen der Flamme mach ich mir einen eigenen Raum auf in mir. Das Pfeifchen schön herrichten, so ist's recht. Was? Einen Sprung hat es? Das kann nicht sein! Wirst es zu fest geklopft haben. Ich seh's. So hat's keinen Wert. Geh' er hinaus und bringe mir eine andere. Diese dort werfe er in den Schlund. Tölpel!

Sie liebt mich, sie liebt mich nicht. Er liebt mich, er liebt mich nicht. Sie weiß es, sie weiß es noch nicht. Er will es, er kriegt es noch nicht.

Haben wir denn jemanden, der aufspielt? Wenn der Magistrat kommt – das wissen doch alle – will er ein bisschen Musik zum Essen. Los, Emma, geh zum Lehrer und frag ihn, ob er am Abend für uns spielt auf seiner Geige. Er soll sich nur ja den guten Rock anziehen. Er wird auch entlohnt, geh schon, sag es ihm. Oder besser noch, komm gleich wieder her mit ihm, ich möchte ihn wissen lassen, dass wir das Mädchen nicht werden unterrichten lassen in der Geisteslehre. Lektüre darf sein, aber das Mädchen darf sich nicht mit zu viel Wissen beschweren. Der Plutarch, der Plinius, der Cicero, der Justinus sind von Männern für Männer geschrieben. Unsereins ist da viel näher am Tagewerk und hat die feinen Sinne einzusetzen.

Was nutzt der hohe Stand, der Tod sieht den nicht an! Was nutzt mein Tun und Schreiben … – Andreas Gryphius

Was will der Bader? Dass ich die Wunde spüle? Ey, das scheint mir weit hergeholt. Bringt mir Wein statt Wasser. Ich meine nicht, dass Wasser hier etwas zu tun vermag. Das Pferd mit seinem Tritt hat mich so mitgenommen. Die Wunde am Schädel, sie soll ich reinigen mit Wasser. Unsinn! Bring mir Wein, Trine. Wein vom roten und vom weißen. Zwei Karaffen und zwar schnell.

Ein Klatschspiel zweier Kinder hallt durch den Keller. Eigentlich haben die Kleinen keine Zeit für solche Unterbrechungen. Doch wie die Kinderhände flink und klein, so sind die Körper wendig und begegnen sich, wo keiner sieht, wo keiner hört, wo's fast nicht wahr sein kann.

Da bist du, endlich. Ja, ist nicht leicht, fortzukommen von den Herrschaften. Ich hab so viel auferlegt bekommen von der Herrin. Sie sagt, sie schätzt meine Nähkunst sehr. Hast du mich pfeifen hören? Vorhin? Ja, sicher. Wo ist die Scherbe, von der du gesprochen hast? Ist's Tonzeug? Nein, 's ist Glas. Wie herrlich sie leuchtet. Wie verführerisch. Das muss ein Pokal gewesen sein. Ein Pokal für eine Prinzessin. Aber sieh nur, hier. Das ist sicher einem in die Brüche gegangen. Und sicher hat er dafür eine Tracht Prügel bezogen. Jetzt liegt der Grund für Bewunderung und Prügel hier im Schlund und darauf in meiner Hand. Bin ich noch dein. Ach, dein-er könnte ich doch gar nicht sein.

Die Knechte brauchen Proviant. Sie führen die Kälber heute zum Markt. Geh nachher zu ihnen, damit sie nicht hungern müssen. Der leere Magen kennt keine Geschäfte.

Aber Mutter, ist es nicht viel besser, einen Mann mit Überlegung zu heiraten, anstatt zu heiraten, weil die Liebe einen bewegt dazu? Sicher ist es das, mein Kind.

Komm, geh mit mir durch die Küche. Wir sind unsichtbar. Dort müssen die Scheite geschichtet werden, der Ofen beheizt sein, damit der Herd überhaupt erst Fleisch zur Mahlzeit wandeln kann. Die Jäger sitzen nah am Ofen und spannen Armbrust, die Jungen Pfeil und Bogen aus. Es wird sinniert, wie die Tiere wohl sterben und ob es Schmerz gibt, wenn doch alles so schnell geht. Deshalb muss man es lernen, sagen die Alten den Jungen, damit das Tier nicht leidet. Der Herrgott sieht das nicht gerne. Die Jungen nicken. Die Jäger bekommen warme Suppe vorgesetzt. Mit Kartoffeln und Bohnen darin. Die Jäger sind Männer aus der Kälte, in den

Häusern oft fremd und ungelenk. Sie beobachten genau und sind oft die Ersten, die etwas spüren, das unter einem Dach geschehen soll, aber noch nicht geschehen ist.

Sum, es, est, sumus, estis, sunt. Bon, encore une fois. Sum, es, est, sumus, estis, sunt. Correctement. Und jetzt eine Übung für die Vokabeln, junger Herr: das Kreuz. Crux. Der Weg. Via. Aber auch … Iter. Nenne mir zwei berühmte Straßen der Römer. Via Appia, via Latina. Beide führen sie aus Rom: südlich hinaus. Correctement.

Mein Haar, soll ich es mit bunten Schleifen, hunderten, binden, so wie die Damen in Frankreich? Sag doch, fändest du das schön? Die Damen in Frankreich sind die halbe Schau. Und immer einen kleinen Leberfleck geschminkt.
Komm mit, ich nehm dich dorthin, wo wir einen guten Blick auf alles haben. Mit vor das Haus, den Hof. Hier müssen wir flüstern, weil es Nacht ist und die Knechte schnarchen und die Mägde Hemden flicken und dabei summen. Diese Stimmung gehört den einfachen Menschen, wir aber sind kein Teil von ihnen, sie sind Teile von uns. Die Herrschaften schlafen in weichen Betten und hören nichts von dieser Stimmung, auch sie sind konserviert in der Vorstellung. Im Herzen des Hauses, da gibt es einen Schlund. Wie in jedem Haus, das ich kenne. Dieser Schlund öffnete sich erst spaltbreit, hernach

immer weiter und steht klaffend wie eine Anklage nun offen. Der Schlund ist gefüllt mit allem, was geredet wurde, was zerbrochen ist und ungewollt war. So einen Schlund kennt jedes Haus. Der Jüngling entnahm eine Scherbe und schenkte sie seiner Liebsten. Das brachte die Dinge ins Rollen. Ganz wörtlich: das Oberste zuunterst. Vor hunderten von Jahren waren wir bereits Splitter eines Ganzen. Und heute: Scherbensichtige all der Dinge, die ans Licht gehoben werden.

Komm mit, wir spiegeln uns.

Was passiert, wenn nichts passiert

Einer spielt immer irgendwas auf irgendeiner Konsole und ruft einen anderen irgendwo anders an, der dasselbe macht. Die spielen dann mitunter zusammen und dann passiert etwas irgendwo ganz anders.

Da zum Beispiel sagt einer mal was, nachdem er ziemlich lange nichts gesagt hat und es klingt wie ... kann aber nicht sein, also fragt der andere nach und ja, wirklich, nein, das war es nicht und dann müssen beide lachen und schon passiert wieder etwas, aber wieder irgendwo ganz anders

Nämlich hier, wo alle immer denken, dass nichts, gaaaar nichts passiert, weil hier einfach gar nichts passieren kann, weil es viel zu viel Polizei für viel zu wenige Aufständige gibt, viel zu viele Eltern für viel zu wenige Kinder und viel zu viele Möglichkeiten, die pubertären Frustrationen abzubauen, viel zu viele Skateranlagen für viel zu wenige Skater und viel zu viele Leute, die sich um Jugendliche kümmern, anstatt Jugendliche einfach sich selbst zu überlassen, wie in jedem anderen Land in der Welt. Das bringt einen dann wieder weiter und man

Fragt sich, was passiert, wenn nichts passiert bei dir zu Hause. Was ist dann los? Flackern da nicht doch vielleicht die Duftkerzen, bläst der Wind durch die Dekoflechtkugeln auf dem Couchtisch, ist da nicht doch vielleicht noch dieses eine Fingerbild an die Fensterscheibe zu malen, das dann wieder andere im Vorbeigehen denken lässt: Was für ein Meister muss hier wohnen?

Ist doch irre, wie genau hier in diesem Haus ein Meister der Fingermalkunst lebt und bei mir so gar nichts passiert. Nichts. Kein Talent, das sich zeigt, keine Frau, die mich anspricht, kein Mann, mit dem ich meinen Halsumfang vergleichen könnte, schon gar meine Kragenweite. Ist eigentlich schrecklich, wie so gar nichts passiert. Und während der Passant das so denkt, klingelt sein Handy und sein Chef fragt ihn, ob er nicht eine Zweigstelle in Korea eröffnen und stellvertretend leiten möchte und

Voilà! Es passiert etwas. Aber das fällt ihm gar nicht auf, weil er bei der ganzen Aufregung vergessen hat, dass es ihm mal Sorgen gemacht hat. Dass da nichts passiert.

Ich sage dir, wo nichts passiert, wenn nichts passiert: in einer Schrecksekunde. Nach dem ersten Ich-liebe-Dich und immer wieder nach dem immer wieder ersten Ich-liebe-Dich. Wenn du am Fenster stehst und wartest. Aber wehe, du wendest dich ab, dann passiert gleich alles auf einmal und du denkst, irre, wie ich die Welt bannen kann, so dass nichts, absolut nichts passiert, wenn ich auf die Welt schaue. Und genau betrachtet passiert immer etwas. Weil immer einer von uns nicht hinschaut.
Wichtig ist, dass wir hinschauen, wenn wir wollen, dass nichts passiert.

Nachwort

«Ständig dieses Innenleben»
Zu Nora Gomringers Sprechtexten, geschrieben

Nah am Leben, in your face und laut – diese Trias umfasst die zentralen Dogmen dieser Sprechtexte. Vor allem laut. Um diese quer zu allen traditionellen Genres liegenden Texte zu kommentieren, bräuchte man nur das Lexikon eines Marvel Comics: Wham! Thud! Plop! Arrgh! Zap! Bonk!

Das Werk und Leben von Nora Gomringer bildet eines der vielen wesentlichen Momente in der Erneuerungsbewegung innerhalb der europäischen Literatur. In ihr fließen die Poetiken des 20. Jahrhunderts wie in einem Schmelztiegel ineinander: vom Dadaismus über die Pop-Art, dem Neuen Hörspiel, dem politischen Gedicht bis zum postepischen (Musik) Theater.

«Sprechtexte» meint hier keineswegs eine unscharfe Gattungsbezeichnung; der Begriff zielt auf die prima causa ihrer Ästhetik: nämlich die Stimme. Die Niederschrift ist für sie ein Behelf, um das Lyrische schlechthin zur Erfüllung zu bringen. Denn das Gedicht lebt in den Stimmbändern und den Gehörknöchelchen, auf der Zunge ist es und in der Ohrmuschel, von dorther erfasst es das limbische System, von dorther erhöht es den Pulsschlag – nicht umgekehrt.

Ein Wort, das ankommt

«Ich könnte sagen: Ein Wort, das bist auch du. / Du bist ein Wort, der Klang dahinter»: Ihre Ästhetik will das Antlitz des

Anderen, ein Gegenüber, ein klangvolles Du. In dem Gedicht «Wie soll ich das beschreiben?» beispielsweise hadert das lyrische Ich mit den Namen der Dinge. Was es beschreiben will, spricht es aus – sich immerfort nur metaphorisch annähernd, dreimal nähert es sich konjunktivisch: «Ich könnte sagen.» Das (gesprochene) Wort wird erst zum Igel und dann zum Boot, um schließlich als «Du Universum miniature» die Stimme des Gedichts selbst verblüfft feststellen zu lassen: «Bist Überraschung und Verwirrung für die, / die deinen Namen sprechen.»

Der Reiz dieses Buchs liegt darin, die Texte laut auszusprechen, um ihren Ton zu finden, ihnen Nuancen zu geben, sie zu modulieren; denn die eigentliche Aura und Attitüde des Sprechtextes wird erst als Stimme existent. Mehr als eines Rezipienten bedürfen diese Texte eines Rezitators. Dies gilt sowohl für die herrlich ins Sprachmaterial vergnügten Texte wie etwa «LAUT! Lesen!» («Boing / Peng / Glibber / So») als auch für die eher narrativ angelegten Hörspielskizzen wie z.B. «La Lanterna. Genua speculativa».

Vielleicht hat man diesen Sachverhalt in ihrer Arbeit bisher unterschätzt: Während die Kombattanten vergangener Epochen und ihre heutigen Epigonen Poesie als gewaltsamen Überzeugungsakt praktizierten, ist das Reizvolle an Gomringers Sprechtexten, dass sie die Zuhörer nicht nötigen Komplizen zu sein, sondern mit ihnen einen Resonanzraum teilen. Peter von Matt kommentierte einmal im Hinblick auf ihr Werk treffsicher: «[…] ästhetische Militanz, die gelegentlich selbst doktrinär werden konnte, ist Nora Gomringer fremd. Sie mag ihre Vorgänger, kennt weder vater- noch muttermörderische Reflexe. Ihre Modernität ist heiter, beweglich, ohne Verbissenheit.»

Das verletzliche Selbst – sein Flüstern, der Schrei

Ohne Verbissenheit. Diese Haltung ist allerdings nicht mit bemühter Friedlichkeit zu verwechseln, denn die Sprechtexte verhandeln häufig Ausnahmezustände: existenzielle Fragilität, dramatische Kernschmelzen des Selbst. So rückt ihr 2015 erschienener Gedichtband «Morbus» 25 somatische und psychische Gebrechen in den Mittelpunkt des Interesses – nicht als Krankheitsbilder, sondern als Krankheitserfahrungen; auch die Texte im Vorgängerband «Monster Poems» greifen mit unterschiedlichen lyrischen Konzepten Phobien, Traumata, Momente des Entsetzens und Grauens auf.

Beide Bände der als Trilogie angelegten M-Serie («Monster Poems», «Morbus», «Mode»), präsentieren Rollengedichte, die gerade in «Monster Poems» oft als die fiktionale Rede einer Figur eines populären Horrorfilms inszeniert sind – etwa die imaginierte Rede der im Sci-Fi-Film «Formicula» (1954) sonst stummen Riesenameisen: «Seit wir mit einem Schlag und einem Licht und einem Knall / größer als die Häuser über unseren Häusern / geworden sind, / wurden die Blüten, die Blätter, die Früchte zu klein.»

Die Stücke in diesem Band hingegen vollziehen eine radikale Wende. Jeder Text in «ach du je» ist ein Kabinettstück der Intimität. Im Gegensatz zu ihren monothematischen Büchern wird hier ein Potpourri an Themenfeldern offeriert. Gleichwohl scheint das «Ich» dieser Sprechtexte häufig alle Masken abzulegen, sich im riskanten Diskurs der Liebe zu bewegen. Zweifel, Unsicherheiten, rasende Wut, Verletzungen bis hin zu Verzweiflung und Irrsinn – dieser Sturzflug von turbulenten Emotionen wird durch stark narrativ strukturierte Stücke geführt, die zwischen Selbstaufgabe und Selbsthabe schwanken.

Schrecklich nette Familien

In Zusammenarbeit mit der Komponistin Helga Pogatschar entstand das Opernprojekt «Drei fliegende Minuten», zu dem Nora Gomringer das Libretto verfasste (Erstaufführung Theater Roxy, Birsfelden 2013). Hierbei verfolgt sie eine für das postdramatische Musiktheater typische Mischung von Sprechweisen bzw. Textsorten wie dem Soliloquium, der liedhaften Lyrik, der Auflistung, dem Kinderspiel, dem Dialog, dem Reverie, der Konstatierung usf. Obwohl dem Stück durch die Einfügung eines Pro- und Epilogs ein narrativer Rahmen gegeben scheint, lässt sich das Libretto im Grunde in unterschiedliche Szenen gliedern. Da Gomringer darauf verzichtet, das Sprachmaterial unterschiedlichen Rollen zuzuweisen, eröffnet sie der Regie zahlreiche Optionen, mit wie vielen Personen das Stück aufgeführt werden kann.

«Hallo, ist das hier an? Halloooo. Hört mich jemand? Auch ganz hinten? Kann man mich hööören? Kann man mich verstehen?» Was hier als vortragspragmatische Geste dargeboten wird, was hier als eine Serie von praktischen Fragen mit iterativen Elementen (z.B. Hallo … Halloooo … Hört … hinten … höören) einsetzt, ist in «Drei fliegende Minuten» zugleich eine dramatische Exposition.

In einem fast monomanischen Duktus nun stellen Erzählstimmen ein kompliziertes, keineswegs eindeutiges Geflecht an Familienbeziehungen vor. Typologisch werden Mitglieder vorgestellt und ihr Verhältnis zueinander skizziert. Aber die Relationen sind nicht klar, vielleicht nicht einmal dem fiktiven Subjekt des Stücks, das sich zunehmend als eine Art unzuverlässige (oder doch nur unschlüssige) Erzählerin entpuppt. Ein Spiel der Behauptung und Infragestellung des Behaupteten öffnet Zeile um Zeile immer größere Interpretationshöfe: «Unser Leben war riesig in einem kleinen Haus / in einem roten Haus, / einem blauen / einem weißen Haus auf einer Wiese / in einer Straße / in einem Land nach dem Krieg / in einem Land, das Leben.»

Eingestreut sind diesen konstatierenden Segmenten sodann lyrische Passagen, die auch als solche angekündigt werden, wie etwa «Lied vom missglückten Ernstgenommenwerden» oder «Lied von der ersten Präsentation im Shoppingkanal». Oder der narrative Rahmen in «Drei fliegende Minuten» wird unterbrochen, um ein populäres Kinderspiel anklingen zu lassen: «Ich packe meinen Koffer …».

Was also mit dem scheinbar bloß rhetorischen «Kann mich jemand verstehen?» einsetzt, wird zunehmend als eine Exegese des Selbst durch all seine Stimmungen hindurch erkennbar und schließt in einem ärztlichen Behandlungszimmer: «Sage ich zu meiner Ärztin/Die lächelt und sagt, ja sicher/Wenn Sie das wollen».

Was zur Disposition steht, ist – wie etwa auch in dem märchenhaften «Es ist alles eitel» oder dem protokollarischen «Haus bestellt» – die Familie, aus der man kommt oder jene, die aus einem entsteht.

Laut gedacht: «Tippen mit schnellen Spinnenfingern»

Sprechtexte stellen in ihrer Literarizität die Literatur selbst in Frage. Nirgends wird das auf diesen Seiten vielleicht deutlicher als in «Vorbei bin ich». Wieder handelt es sich um eine Sprache der Liebe. Wieder erhalten wir nur einen Snapshot einer leicht als Drama (oder Komödie) vorstellbaren Konstellation.

Als Strukturprinzip dient hier eine minutiös geführte Chronologie von knapp neun Stunden, die um 22:38 mit «Dich nicht anrufen» beginnt und um 7:11 mit dem männlichen Ehrentitel «Arschloch» endet. Das Thema ist, wie gesagt, die Liebe. Der Handlungsrahmen – sehr klassisch – ist eine Ménage-à-trois.

Ménage-à-trois in Zeiten von SMS oder WhatsApp allerdings. Denn einerseits erzeugen moderne Kommunikationsmedien eine Art skriptural verbürgte Simultanarchivierung der Existenz; aber diesem zitierbaren Bestand an erregter Humanität wird nun andererseits ein innerer Monolog gegenübergestellt.

Paradoxerweise wird also ebenjene literarische Strategie, mit der z.B. James Joyce oder Arthur Schnitzler erstmals das Unlesbare lesbar machten, gegen eine omnipräsente Protokollierung der Welt in Stellung gebracht. Was eigentlich textuell zwischen diesen Menschen liegt, bleibt unlesbar; und was ohne skripturale Gestalt ist, wird zum eigentlichen literarischen Fakt.

Die Liebende in «Vorbei bin ich» scheint in nicht überlieferten Kurznachrichten ihre Hingabe mitzuteilen und doch bleibt jenem Herren das Wesentliche ihres Mitteilungsbedürfnisses verschwiegen: «So hörte es sich an, wenn der Schrei von Munch ein Audiofile wäre», heißt es um 22:56 Uhr. Wie in so vielen anderen Sprechtexten dieses Bandes erforscht die Dichterin hier die emotionale Wahrheit des Subjekts, vielleicht sollte man präzisieren und sagen: Sie erkundet die Gefühlsprägung westeuropäischer Weiblichkeit.

Was die Dichterin von ihren Expeditionen festhält, ähnelt allerdings nicht Kleists Penthesilea, die ja einst entsetzt und final feststellte: «Der Würfel, der entscheidet, liegt, er liegt»; vielmehr ist das, was sich in den Sprechtexten hier ausspricht, eine allen Apokalypsen zum Trotz immerfort ernstlich vergnügte Selbstironie: «When waiting, a woman is funny.»

Paul–Henri Campbell lebt als Schriftsteller, Herausgeber und Übersetzer in Frankfurt am Main

Quellenverzeichnis

Drei fliegende Minuten (S. 58): Libretto-Arbeit im Auftrag von Helga Pogatschar. Erstaufführung: Theater Roxy Birsfelden, 19. September 2013.

Erkläre mir, Muse, den Mann (S. 17): Süddeutsche Zeitung Magazin, Nr. 41, 12. Oktober 2012, S. 76.

«Es ist alles eitel.» (S. 131): Lesung im Falkenhof Museum Rheine anlässlich der Ausstellung «Das Erbe der Morrien», 18. Mai 2014.

Gang mit Hermelin (S. 43): «Einen schweren Schuh hatte ich gewählt …» Lesen und wandern rund um Leukerbad. Dörlemann, 2013, S. 17-27.

«Jedermann erfindet sich früher oder später eine Geschichte, die er für sein Leben hält» (S. 107): im Auftrag von DRS 2 Online im Rahmen der Reihe «Frisch geslamt», 5. Mai 2011. Auch als Film auf Youtube.

Kinderverwirrbuch (S. 92): www.kinderverwirrbuch.de, 10. Juli 2012.

La Lanterna. Genua speculativa (S. 117): Hörspiel nach
Texten von Nora Gomringer, Eröffnung Museo d'Arte
Contemporanea di Villa Croce, Genua, 29. September 2011.

Modern (S. 116): WortWerk, Zeitschrift für Lyrik. Liebe(s)_
Schluss. Nr 3_01/09. S. 70.

Vorbei bin ich (S. 10): Live-Ticker. Echtzeit-Verlag, 2012,
S. 31-34.

edition
spoken
script

**Guy
Krneta
Mittel
Land**
edition
spoken
script

Morgengeschichten

1

Band 1
**Guy Krneta
Mittelland**
Morgengeschichten, 180 Seiten
ISBN 978-3-905825-13-8

**Jens
Nielsen
Alles
wird
wie nie
mand
will**
edition
spoken
script

Erzählungen

2

Band 2
**Jens Nielsen
Alles wird wie niemand will**
Erzählungen, 144 Seiten, 2. Auflage
978-3-905825-14-5

**Beat
Sterchi
Ging
Gang
Gäng**
edition
spoken
script

Sprechtexte

3

Band 3
**Beat Sterchi
Ging Gang Gäng**
Sprechtexte, 156 Seiten
ISBN 978-3-905825-16-9

**Pedro
Lenz
Der
Goalie
bin ig**
edition
spoken
script

Roman

4

Band 4
**Pedro Lenz
Der Goalie bin ig**
Roman, 192 Seiten, 7. Auflage
ISBN 978-3-905825-17-6

Heike
Fiedler
langues
de
meehr
edition
spoken
script

GeDichte / PoeMe
5

Band 5
Heike Fiedler
langues de meehr
GeDichte/PoeMe, 168 Seiten
ISBN 978-3-905825-19-0

Ernst
Eggimann
u
ner
hört
edition
spoken
script

Gedichte
6

Band 6
Ernst Eggimann
u ner hört
Gedichte, 144 Seiten, 2. Auflage
ISBN 978-3-905825-27-5

Gerhard
Meister
Viicher
& Vege
tarier
edition
spoken
script

Sprechtexte
7

Band 7
Gerhard Meister
Viicher & Vegetarier
Sprechtexte, 168 Seiten
ISBN 978-3-905825-33-6

Jens
Nielsen
Das
Ganze
aber
kürzer
edition
spoken
script

Erzählte Texte
8

Band 8
Jens Nielsen
Das Ganze aber kürzer
Erzählte Texte, 192 Seiten
ISBN 978-3-905825-39-8

Franz
Hohler
Schnäll
i
Chäller
edition
spoken
script

Lieder, Gedichte, Texte
9

Band 9
Franz Hohler
Schnäll i Chäller
Lieder, Gedichte, Texte, 192 Seiten
ISBN 978-3-905825-42-8

Michael
Fehr
Kurz
vor
der
Erlösung
edition
spoken
script

Siebzehn Sätze
10

Band 10
Michael Fehr
Kurz vor der Erlösung
Siebzehn Sätze, 144 Seiten, 2. Auflage
ISBN 978-3-905825-51-0

Heike
Fiedler
sie will
mehr
edition
spoken
script

bild risse
11

Band 11
Heike Fiedler
sie will mehr
bild risse, 152 Seiten
ISBN 978-3-905825-56-5

Michael
Stauffer
Alles
kann
lösen
edition
spoken
script

Schallerziehung
12

Band 12
Michael Stauffer
Alles kann lösen
Schallerziehung, 232 Seiten
ISBN 978-3-905825-57-2

Stefanie Grob Inslä vom Glück edition spoken script

Sechs Auftritte
13

Band 13
Stefanie Grob
Inslä vom Glück
Sechs Auftritte, 168 Seiten
ISBN 978-3-905825-80-0

Guy Krneta Unger üs edition spoken script

Familienalbum
14

Band 14
Guy Krneta
Unger üs
Familienalbum, 168 Seiten, 2. Auflage
ISBN 978-3-905825-90-9

Pedro Lenz Radio edition spoken script

Morgengeschichten
15

Band 15
Pedro Lenz
Radio
Morgengeschichten, 200 Seiten
ISBN 978-3-905825-92-3

Timo Brunke Orpheus downtown edition spoken script

Lauteratur
17

Band 17
Timo Brunke
Orpheus downtown
Lauteratur, 160 Seiten
ISBN 978-3-03853-011-4

Nora Gomringer (*1980) ist Schweizerin und Deutsche, schreibt Lyrik und für Radio und Feuilleton. Seit 2000 hat sie zahlreiche Lyrikbände und eine Essay-Sammlung im Verlag Voland & Quist veröffentlicht, zuletzt «Morbus» (2015). Sie rezitiert, schreibt und liest preisgekrönt vor. Unter anderem wurden ihr der Ingeborg-Bachmann-Preis 2015, der Jacob-Grimm-Preis Deutsche Sprache und der Joachim-Ringelnatz-Preis zugesprochen. Gomringer lebt in Bamberg, wo sie das Internationale Künstlerhaus Villa Concordia leitet.
Hörbuch im Menschenversand (gemeinsam mit Michael Stauffer): «Kleine Menschen» (2010).

www.nora-gomringer.de

Ich bin ziemlich schnell.
Für eine, die vollgesogen ist mit Trauer
und Nicht-fassen-Können.

Nora Gomringer überwindet Gattungsgrenzen, von Gedichten über
Kurzgeschichten bis hin zum Hörspiel oder Libretto, und macht zum
Sprachereignis, was nicht so leicht zu erzählen ist.

DER GESUNDE
MENSCHEN
VERSAND

ISBN 978-3-03853-013-8